MARTINS PENA
COMÉDIAS
(1845-1847)

Martins Pena (1815-1848)

MARTINS PENA
COMÉDIAS
(1845-1847)

Edição preparada por
VILMA ARÊAS

wmf martinsfontes

SÃO PAULO 2007

1ª edição *2007*

Acompanhamento editorial
Helena Guimarães Bittencourt
Revisões gráficas
Ivani Aparecida Martins Cazarim
Solange Martins
Dinarte Zorzanelli da Silva
Produção gráfica
Geraldo Alves
Paginação
Moacir Katsumi Matsusaki

Dados Internacionais de Catalogação na Publicação (CIP)
(Câmara Brasileira do Livro, SP, Brasil)

Martins Pena : comédias (1845-1847) / edição preparada por Vilma Arêas. – São Paulo : WMF Martins Fontes, 2007. – (Coleção dramaturgos do Brasil)

Bibliografia.
ISBN 978-85-60156-27-6

1. Comédia brasileira 2. Dramaturgos 3. Pena, Martins, 1815-1848 – Crítica e interpretação 4. Teatro brasileiro I. Arêas, Vilma. II. Título. III. Série.

07-0306 CDD-869.92

Índices para catálogo sistemático:
1. Teatro : Literatura brasileira 869.92

Livraria Martins Fontes Editora Ltda.
Rua Conselheiro Ramalho, 330 01325-000 São Paulo SP Brasil
Tel. (11) 3241.3677 Fax (11) 3101.1042
e-mail: info@martinsfontes.com.br http://www.martinsfontes.com.br

COLEÇÃO "DRAMATURGOS DO BRASIL"

Vol. XVII – Martins Pena

Esta coleção tem como finalidade colocar ao alcance do leitor a produção dramática dos principais escritores e dramaturgos brasileiros. Os volumes têm por base as edições reconhecidas como as melhores por especialistas no assunto e são organizados por professores e pesquisadores no campo da literatura e dramaturgia brasileiras.

Coordenador da coleção: João Roberto Faria, professor titular de Literatura Brasileira da Universidade de São Paulo.

Vilma Arêas, que preparou o presente volume, é autora de livros de ficção (*Aos trancos e relâmpagos*, Scipione, 1987, prêmio Jabuti; *A terceira perna*, Brasiliense, 1992, prêmio Jabuti; *Trouxa frouxa*, Companhia das Letras, 2000, entre outros), ensaísta (*Na tapera de Santa Cruz*, Martins Fontes, 1988; *Clarice Lispector com a ponta dos dedos*, Companhia das Letras, 2005, prêmio APCA e Jabuti) e titular de literatura brasileira pela Unicamp.

ÍNDICE

COMÉDIAS
(1845-1847)

INTRODUÇÃO*

RELENDO MARTINS PENA

> *...há na vida ordinária, na metamorfose incessante das coisas exteriores, um movimento rápido que exige do artista idêntica velocidade de execução.*
>
> Baudelaire

É de nossos dias uma reavaliação da obra de Martins Pena, já iniciada por Sílvio Romero e Artur Azevedo e facilitada pela publicação de seus *Folhetins*. Acrescenta-se a isso o que hoje se conhece da cenografia e dos espetáculos populares da época. Tais circunstâncias acabaram por negar uma série de lugares-comuns sobre o comediógrafo, principalmente as afirmações de que escrevia mal e desleixadamente, que era indiferente a questões sociais e interessado

* O presente estudo introdutório, a cronologia e a nota à edição estão incluídos nos três volumes em que foram publicadas as comédias de Martins Pena, na coleção Dramaturgos do Brasil. O leitor tem assim facilitada a consulta aos dados críticos e biográficos que acompanham a obra do comediógrafo.

somente em fazer rir com suas farsas, supostamente ingênuas. Hoje podemos dizer com segurança que as comédias e farsas estão longe da simplicidade, compostas que são de vários fios da tradição teatral, incluindo-se aí o universo popular, e que seu autor não escrevia mal. Estava apenas, como Alencar ou Mário de Andrade, interessado na prosódia brasileira, fazendo-a soar no palco. Além disso, não podemos esquecer de que ele era antes de mais nada um homem de teatro. A linguagem e os recursos cênicos usados foram testados e aperfeiçoados com vistas à sua eficácia dramática e não literária.

Pena também não se colocava à parte em relação aos problemas da época. Ao contrário da indiferença, podemos de saída observar sua posição avançada em relação à escravidão. Várias vezes também se mostrou atento a movimentos reivindicativos, como a greve dos coristas em 1847, documentada por ele em *O Jornal do Comércio*, quando então afirmou que a imparcialidade era "fazenda que não se conhecia no mundo". E acrescentou: "tudo é parcialidade". Sua postura simpática aos grevistas valeu-lhe uma vigorosa campanha movida contra ele pelo jornal *O Mercantil*, indignado diante do "princípio inadmissível de que eles" (os cantores) podiam "unir-se e exigir" (edição de 8 de julho de 1847).

A controvérsia acabou sendo-nos útil por fornecer dados biográficos do comediógrafo. Sabíamos de seus estudos das artes, inclusive de música e de línguas, mas pelos ataques do jornal tomamos conhecimento de que era tenor, que cantava em teatros particulares, ao lado de artistas do "público salão", e que também compunha árias, como a que inseriu na ópera *Gemma de Vergi*, entre outras.

O período em que Martins Pena viveu foi palco de grandes modificações na Colônia. Nosso autor nasceu pouco depois da chegada da corte portuguesa ao Brasil, afugentada pelos exércitos napoleônicos, o que nos faz concluir que também somos filhos da Revolução Francesa, pois essa época não deixa de constituir uma espécie de Iluminismo brasileiro. Houve a abertura dos portos, o adensamento do meio cultural, a fundação da Imprensa Régia e dos primeiros jornais, incluindo-se aí o *Correio Braziliense* (1808-1822), nosso periódico inaugural fundado em Londres por Hipólito da Costa, e que significou a primeira publicação em língua portuguesa que circulou independentemente da censura.

Surgiram também a primeira livraria, a Biblioteca Pública, teatros, algumas escolas superiores e a vinda da missão francesa em 1816. Em 1829, D. Pedro I contratou em Lisboa uma companhia teatral completa e com ela veio o entremez, que nos interessa particularmente, pois marcou o início da carreira de Martins Pena, transformando-se em campo de pesquisa para o comediógrafo. O entremez (do latim *intermissus*, isto é, posto no meio) significa uma breve peça teatral, com personagens populares e tom gracioso, intercalada nas peças dramáticas. Nos programas muito extensos da época, entremezes e números musicais se tornaram imprescindíveis para arejar os espetáculos.

Se excluirmos os dramas escritos por Martins Pena[1], extraordinariamente medíocres, cheios de re-

1. *Fernando ou O cinto acusador*, 1837, *D. João de Lira ou O repto*, 1838, *Itaminda ou O guerreiro de Tupã*, 1838, refundido em 1846, *D. Leonor Teles*, 1839, e *Vitiza ou O Nero de Espanha*, 1840 ou 1841.

tórica empolada e inconsciência dos recursos cênicos, percebemos que suas três primeiras comédias, *O juiz de paz da roça*, *A família e a festa na roça* e *Um sertanejo na corte*, inacabada, traem a influência do entremez, com seus tipos de convenção (o velho, o galã, damas e graciosos), a construção frouxa, a improvisação, a chamada musical ao fim, usada como atrativo. Mas nessas primeiras peças já existe a observação acurada de tipos brasileiros, sem esquecer a violência do meio e das relações familiares e sociais. As relações entre as classes principais do Brasil colônia, que eram o escravo e o dono do escravo, são expostas de forma crua. Basta-nos observar Aninha, na primeira peça, pedindo ao pai o presente de "uma negrinha só para ela". Observamos também nesta peça a corrupção da justiça, tema sempre reiterado no teatro, e a mistura escandalosa do público com o privado. Se tudo isso é levado ao palco de forma ainda canhestra e experimental, por conta do descosido do entremez, já notamos abalos fortes em relação à generalidade e automatismo desse gênero.

Em seguida, a elaboração do enredo e o processo de teatralização se aperfeiçoam rapidamente e já observamos a construção elaborada de *Os dois ou O inglês maquinista*, peça situada numa encruzilhada de caminhos. Além de colocar no palco o problema do contrabando de escravos, expondo publicamente essa nódoa social, e fazer a peça girar ao redor de dois pólos importantes da economia brasileira – o contrabandista e o inglês espoliador – Martins Pena já esboça em vários momentos uma comédia de meios-tons, que poderia ser uma escolha para trabalhos futuros.

O diálogo abaixo, sempre citado, é uma prova da leveza de toque impossível de se encontrar no teatro palavroso da época.

Mariquinha: ...Primo?
Felício: Priminha?
Mariquinha: Aquilo?
Felício: Vai bem.
Cecília: O que é?
Mariquinha: Uma coisa. (cena X)

Ao mesmo tempo nesta peça acontecem as primeiras cenas de pancadaria, inspiradas principalmente no circo, tão importante na época que João Caetano pedia a proibição de espetáculos circenses em dias de representação teatral; em seguida, os espetáculos de rua, fossem trechos da *Commedia dell'Arte*, segundo depoimento de viajantes, fosse o teatro de bonecos, popular em todas as partes do mundo, referido pelo cronista dos *Folhetins*. Ao lado disso, em *Os dois* os progressos do autor são evidentes: já existe a concentração espacial, e não a mudança contínua de cenas como se tratasse de cinema, o que acontecia nas peças anteriores. Em vez disso, há o uso de recursos de aprofundamento e alargamento do palco, a preparação das cenas e a funcionalidade do espaço, onde tudo é utilizado, portas de entrada e saída, mobiliário etc. A partir da cena XVII, surge o primeiro esconderijo da obra de nosso autor, uma cortina. Pela primeira vez também, Martins Pena utiliza o cruzamento de enredos: o tema clássico (casal jovem em luta com os mais velhos pelo amor contrariado) e o melodrama, representado pelas emocionantes e jocosas cenas finais, em que o marido, julgado morto pela família, retorna da guerra.

As rubricas também já são precisas, dirigindo os atores com clareza e sublinhando a violência contra os escravos. A essa altura Martins Pena já se mostra seguro da ordem das cenas, "uma ordem que marcha", segundo os especialistas. Ela é necessária para produzir o ritmo da peça ao alternar cenas de conjunto com cenas isoladas para os confrontos necessários.

A peça foi censurada e discutida de modo inflamado na Câmara dos Deputados, inaugurando a série de trabalhos de Martins Pena com o mesmo destino.

Cinco peças foram escritas em 1844 e todas demonstram a perícia alcançada pelo autor. *O Judas em sábado de Aleluia* é uma obra-prima em apenas 12 cenas, com um manuscrito cheio de cortes e emendas, evidência do trabalho que exigiu do autor. A peça possui um movimento complexo e delirante, apesar da concentração absoluta do espaço. Seu achado fundamental é a dinamização do esconderijo, que se transforma na figura do próprio personagem, ao tomar o lugar de um boneco fantasiado de Judas a um canto da sala. A partir desse disfarce o protagonista age, puxa o vestido de uma jovem, mia como o gato, denuncia crimes de corrupção etc., confundindo os demais personagens. A festa popular também não se encontra num quadro separado, conforme acontecia nos primeiros trabalhos. Em vez disso, fornece à peça todos os requisitos da trama. O final é cômico e claro, seguindo as pegadas de Molière e da *Commedia dell'Arte.*

Os irmãos das almas, que tem como sonoplastia o contínuo e fúnebre dobrar dos sinos de Finados, significa um progresso em relação à anterior. Em primeiro lugar quanto às rubricas que já trazem indicações como "recomendo toda a atenção neste jogo de cena", em segundo lugar quanto à funcionalidade do disfarce: se em *Judas* a festa popular forneceu o "mascarado", nesta peça é a própria instituição da Igreja e a maçonaria que fornecem os "atores", com suas opas, à grande *mascarada* da sociedade brasileira, a quem o próprio Deus vira as costas.

> Deus não se ocupa com coisinhas tão pequeninas nem com indivíduos como eu. Lá com essas coisas de grande vulto, é outro caso. Um cometa /.../, um terremoto /.../ um temporal, que afunda navios, uma eleição, isso sim![2]

O protagonista é fraco, grotesco e irritante – quase roça o patético. "Tudo muito ordinário", diz a primeira rubrica, marcação apropriada à farsa, que tudo espatifa e tudo multiplica (são quatro irmãos das almas, quatro bacias etc.). Mas existem outros dados, o que faz a peça também ser outra coisa: esvaziamento do conflito amoroso, deslocado para a luta pelo controle familiar, e o reforço do tema (três pares em idades diferentes e em diferentes fases do relacionamento amoroso) que desliza para a crítica às instituições brasileiras.

O diletante é uma paródia competente da ópera *Norma*, trançando e destrançando os fios da farsa e

---

2. Cf. *Manuscrito A* de "Os irmãos das almas", in Martins Pena, *Comédias*, ed. crítica de Darcy Damasceno. Rio de Janeiro, MEC/INL, 1956.

da tragédia lírica, e duplicando papéis. Corte e sertão são confrontados, com ênfase para a falsa cultura dos pedantes (Merenciana denuncia que José Antônio, o maníaco pela ópera, ainda há um mês só gostava da viola), acrescentando-se a isso o dano familiar causado pelo vilão Gaudêncio, que passa despercebido, pois José Antônio só conhece a tragédia na ópera e não na realidade.

A peça seguinte, *Os três médicos*, reflete um assunto candente na época – a briga de homeopatas, alopatas e hidropatas – e reforça a dívida de Martins Pena com Molière, manipulando de forma competente numerosos fios no enredo. Paradoxalmente, contudo, a peça oferece um resultado um pouco mecânico, com reduplicações excessivas (três médicos, três protetores, três amantes, dois planos mirabolantes, duas cartas, duas mortes, sendo uma fingida, outra verdadeira etc.). Mas a fragilidade da peça depende menos da competência – a essa altura Martins Pena dominava completamente o ofício – do que da impaciência quanto aos aspectos meramente mecânicos da trama, semelhante ao que acontece nos desfechos das comédias shakespearianas. A observação é de Bárbara Heliodora[3]: "O que Martins Pena queria colocar em cena, a ridícula rivalidade do homeopata, do alopata e do hidropata, já estava definido, realizado, completo, e portanto não fazia mal que o final da obra fosse um tanto arbitrário..."

Acrescentamos que o desfecho não deixa de constituir um grande achado cômico, pois o final fe-

3. Bárbara Heliodora, "A evolução de Martins Pena", em *Dyonisos*, X, ano 13. Rio de Janeiro, MEC/INL, 1966.

liz é conseguido, não pelo saber, mas pela incompetência médica, que, em vez de salvar, mata o doente (sabe-se então ser ele o vilão).

A última peça de 1844, *O namorador ou A noite de S. João*, é das mais bem urdidas e das mais cuidadosamente trabalhadas por Martins Pena, conjugando também três fios: o enredo amoroso, a farsa rústica portuguesa, com palavras chulas e pancadaria, e a linha da farsa propriamente dita, focalizando o velho amoroso, João Félix, em suas investidas sexuais em relação a Maria, que possui também outros admiradores.

No entanto a peça desmancha com extrema habilidade a qualidade dos próprios fios que urde. Em primeiro lugar, não se trata de uma peça de amor, pois não há cenas amorosas entre os casais. Martins Pena parece interessado em desenvolver uma dialética amorosa observada em suas diferentes fases, entre velhos e moços, ricos e pobres, envolvendo sexo, amor etc.

Observe-se o seguinte diálogo:

> *Luís*: Não a amo mais porque há já três meses que ela me ama.
> *Clementina*: Boa razão! Não a ama porque ela ainda o ama!

Temos de convir que essa dialética amorosa comumente surge em peças mais desenvolvidas; aqui entretanto ela é discutida, e de forma competente, numa peça de apenas um ato. Ao mesmo tempo, esses aspectos pretendem ser submetidos à prova da realidade, pois tais relações verdadeiras ou pretensamente amorosas se dão a partir do jogo dos diferentes estratos sociais, sublinhando-se o rancor dos pobres contra os ricos, o que abala certa arbitrariedade da farsa. Na cena VI, um personagem explorado lastima-se: "Oh! Quem me dera viver sem trabalhar. Cresce-me água à boca quando vejo um rico. São os felizes..."

As relações examinadas abrem um leque de lugares sociais: elas se dão entre pessoas da mesma condição econômica, ou entre velhos casados e ricos, entre serviçais, entre patrão, moço ou velho, com empregadas, entre moço rico e vários tipos de mulher: velha, moça, bonita, feia, branca, cabocla ou escrava, e assim por diante. Ao mesmo tempo, de maneira magistral, todos os fios da trama são amarrados nos elementos encontrados numa noite de S. João, como a fogueira metaforizada no "fogo do amor", com a escuridão ao redor, facilitando os qüiproquós do gênero, as "pistolas de lágrimas", marcando os infortúnios pessoais e sociais dos personagens etc.

O ano de 1845 nos apresenta oito peças, embora *As casadas solteiras* seja mera tradução de uma peça francesa[4]. *O noviço*, em três atos, obteve a classificação de "a melhor comédia de Martins Pena", certamente pelo enraizado preconceito contra trabalhos de curta extensão. Sem anular as qualidades da peça, percebemos que, nela, Martins Pena multiplica por três os recursos das peças de um só ato, nas quais era *expert*.

De *O usurário* só nos resta o primeiro ato, excepcional, de um projeto de peça de três atos, en-

4. Cf. *Les trois dimanches*, dos irmãos Cogniard e Jules Cordier, no acervo da Biblioteca Nacional do Rio de Janeiro.

quanto em *O cigano* não é difícil perceber o tom hesitante e artificial. Talvez Martins Pena tenha querido repetir a proeza atingida em *O namorador*, quando conseguiu equilibrar a farsa com elementos estranhos a ela, mas agora falha na mesma tentativa. É evidente seu desejo de fazer uma crítica ácida à sociedade do tempo, mas não encontrou a passagem, sempre estreita, entre reflexão e clima farsesco. O efeito geral é fraco e confuso.

Usando alguns procedimentos da peça anterior, *Os meirinhos* encontra o ponto de equilíbrio, abandonando os recursos comuns de pancadaria e esconderijos. A cena é cuidadosamente marcada, com seu cenário desdobrado, e a conjunção de comédia e melodrama mais uma vez retrata eticamente o Brasil ao descrever os meirinhos, representantes da justiça, como bêbados, jogadores e mulherengos.

Retomando recursos de *Os meirinhos*, como o desdobramento do palco e o entrelaçamento de comédia e melodrama, *O caixeiro da taverna* aprofunda o jogo cômico, que se transforma num cálculo de probabilidades a partir de uma espécie de querela de aparências: a verdade/mentira dos personagens, três triângulos amorosos (falsos) desequilibrados a todo instante pelo único par verdadeiro, mas escondido (o casamento oculto de Manuel e Deolinda) –, tudo sustentado pelo tom que descobrimos em *O namorador*, isto é, o desejo de enriquecer dos pobres. Mas existe um acréscimo. Este personagem oprimido já sabe que o trabalho honesto a nada conduz (confiram-se protestos de Francisco, derrotado artesão brasileiro). Além disso, e antecipando a loucura do Pedestre, Manuel enlouquece ao ser despedido: "Caixeiro, sempre caixeiro! Oh, afastem-se de mim, que estou louco, desesperado, furibundo! Para longe! Serei sempre caixeiro, caixeiro, caixeiro!" Etc.

Nos *Folhetins*, Martins Pena confessará enviesadamente o desejo de escrever a ópera-cômica brasileira. Podemos encarar *Quem casa, quer casa*, peça-provérbio que voltara à moda na época, como um ensaio para sua execução, pois é uma obra marcada segundo compassos, organizando-se como uma verdadeira farsa musical, com grande rapidez e alternância de cenas. A pretexto da gagueira de um personagem, que fala cantando, seus interlocutores o acompanham, segundo três ritmos: a polca, o miudinho e o "muquirão".

Embora criticada, *Quem casa, quer casa* talvez seja a peça mais funcional de Martins Pena, com perfeita unidade de ação, um só enredo, com sua proposição e demonstração, e a primeira cena perfeitamente acoplada à última. No aspecto crítico de uma certa concepção de arte e de prática religiosa, a peça retoma traços de *O diletante* e de *Os irmãos das almas*. Basta-nos conferir, quanto ao primeiro aspecto, a crítica à insuficiente formação musical do personagem, que confunde originalidade artística com acrobacia (Eduardo quer tocar a rabeca NO arco e não COM o arco – invenção, diz ele "que há de cobrirme de glória e nomeada e levar meu nome à imortalidade" – cena XIII); quanto ao segundo aspecto, fundamental é o *solo* de Fabiana na cena V, criticando a carolice do marido.

As desgraças de uma criança, comédia de situação, apresenta duas novidades. A primeira é a presença da *criada ladina* da tradição clássica, na figura de Madalena, ama-de-leite branca – perdera um filho recém-nascido – que se aluga a patroas que "embirravam com amas pretas". Pobreza e necessidade, "criar filho alheio, para ao depois tomar-lhe amor e viver separados", investidas sexuais de patrões, racismo e as distorções causadas pela exploração são aspectos tematizados na obra.

Outro dado importante é a conexão entre estas *Desgraças* e *Punch and Judy*, ligada à *Commedia dell'Arte* e representada nas ruas do Rio de Janeiro, segundo testemunho de Thomas Ewbank[5]. O *Punch* inglês, no começo do século XIX representado diariamente nas ruas de Londres, é uma variante de *Pulcinella*, ou seja, Polichinelo, boneco da comédia popular desde o século XVI. A trama principal manteve-se a mesma: a enfiada de mortes sucessivas que Punch, criatura corcunda e nariguda, causa a seu bebê, a sua mulher, ao cão, ao médico, ao carrasco que ia executá-lo por todos esses crimes, e, finalmente, ao próprio Diabo.

Ora, é fácil ver similitudes desse enredo com *As desgraças de uma criança*, que se resumem em surras ou maldades com um bebê. Martins Pena não chega ao excesso de matar a criança, mas enfileira minuciosamente um rosário de crueldades infligidas pelo personagem-soldado à criança: embala o berço cada vez com mais força, grita muito, dá à criança água embebida num pano de chão, arremeda seu pranto, dá-lhe palmadas, oferece-lhe vinho no gargalo de uma garrafa, dá-lhe uma espora para brincar, o

5. Cf. Thomas Ewbank, *Vida no Brasil*. Trad. Jamil Almansur Haddad. São. Paulo, Edusp/Itatiaia, 1976, p. 255.

que acaba por ferir o bebê, e assim por diante. Mas a ameaça da morte ocorre atabalhoadamente ao final, quando o velho Abel atira o neto ao chão, caindo por cima dele. Fecha a peça o modelo de *O barbeiro de Sevilha*, evocado pela marcação. Abel, diz a rubrica, "fica estático como D. Bartolo".

Devo dizer que este resumo não esgota a complexidade das máscaras tradicionais manipuladas pelo autor neste trabalho – a criada ladina, o sacristão, o *senex*, o parzinho romântico, o soldado fanfarrão – que se misturam a tipos nacionais, funcionando a relação de classes no Brasil como uma espécie de cunha que sustenta a delicada armação do enredo.

Finalmente *Os ciúmes de um pedestre*, a última desse ano, foi a peça que maiores polêmicas causou na época, não só pela paródia jocosa do respeitado João Caetano, como por referências contextuais – tentativa de sedução de uma jovem por um homem conhecido no Rio de Janeiro e assassinato de um escravo cujo corpo fora encontrado em um saco. Portanto, em sua composição temos referências ao *fait-divers* da época ao lado de paródias de *Otelo* e de *Pedro-Sem*, representações melodramáticas muito famosas, rebaixadas sem cerimônias por nosso comediógrafo. As palavras do pedestre, oficial subalterno da polícia, à mulher queixosa ("Até agora tenho te tratado como um fidalgo, nada te tem faltado, a não ser a liberdade...") é o fulcro ao redor do qual giram as paródias. Embora haja malhas soltas nesta peça tão complexa, podemos concluir que sua intenção crítica ao melodrama e à máquina escravista é realizada com equilíbrio.

As peças de 1846 (cf. Cronologia) ficaram incompletas, mas de setembro a outubro do ano seguinte Martins Pena escreveu os *Folhetins* líricos, críticas das óperas que subiram ao palco no Rio de Janeiro, só interrompidas pela viagem sem retorno de nosso autor a Londres. Publicados em livro somente em 1965, os *Folhetins* contêm informações preciosas sobre a dramaturgia da época, ao mesmo tempo em que nos revela um autor profundamente conhecedor do palco e da ópera, com uma postura artística e política bastante clara, em certos aspectos avançados para a época.

Manipulando a tradição teatral a seu alcance, e limitado pelo acanhamento do meio, do qual aliás era consciente ("...se nós não estamos bem constituídos, a culpa não é minha", afirma em *O Judas em sábado de Aleluia*), Martins Pena reelaborou formalmente a comédia farsesca, pois transferiu a responsabilidade da ação cômica dos criados tradicionais para outros tipos de situações, fugindo ao mesmo tempo da comédia centrada no amor, o que era comum, à semelhança da Comédia Nova. Sua inovação mais importante, todavia, foi ter introduzido, na organização simétrica da comédia, a assimetria básica da figura do escravo. O lugar deste personagem cria realmente uma situação teatral nova, longe da tradição que o associava ao simples palhaço. Sua presença no palco funciona como uma espécie de elemento retardador em meio às cores e vertigens do jogo cômico.

A invenção, que não foi compreendida nem aproveitada pelos teatrólogos que se seguiram, é uma prova do talento do autor, pois dá conta da figuração do escravismo na sociedade brasileira, aproximando formação retórica de formação histórica. Com tudo isso, não deixa de ser curioso que raramente Martins Pena tenha sido representado por atores brasileiros em sua época, e sim por portugueses, o que não deixa de criar uma situação "um pouco estranha", conforme observa Décio de Almeida Prado[6].

Pouco a pouco a situação foi se transformando. Quando em 1898 Melo Morais publicou uma antologia de Martins Pena, causou impacto em Artur Azevedo, outro extraordinário homem de teatro, que afirmou: "É preciso que a atual geração brasileira percorra essas páginas, para ficar sabendo que o nosso país produziu um escritor dramático de grande originalidade, cujos trabalhos, longe de serem simples produtos de assimilação, revelam um talento criador, uma individualidade única."[7]

Não há como discordar dessas palavras. Mais tarde Artur Azevedo escolheu Martins Pena como patrono de sua cadeira na Academia Brasileira de Letras, de que foi um dos fundadores.

VILMA ARÊAS

---

6. Décio de Almeida Prado, *João Caetano*. São Paulo, Perspectiva, 1972, p. 124.

7. Apud Raimundo Magalhães Júnior, *Martins Pena e sua época*. São Paulo, LISA, 1971, p. 251.

Bibliografia de referência

ARÊAS, Vilma. *Na tapera de Santa Cruz*. São Paulo, Martins Fontes, 1987.

BEIGUELMAN, Paula. "Análise literária e investigação sociológica". In: *Viagem sentimental a D. Guidinha do Poço*. São Paulo, Editora Centro Universitário, 1966.

HELIODORA, Bárbara. "A evolução de Martins Pena". In: *Dyonisos*, X, ano 13. Rio de Janeiro, MEC/INL, 1966.

JÚNIOR, Raimundo de Magalhães. *Martins Pena e sua época*. São Paulo, LISA, 1971.

MAGALDI, Sábato. *Panorama do teatro brasileiro*. 2ª. ed. Rio de Janeiro, MEC/Dac Funarte/INL/Serviço Nacional de Teatro, s/d.

MEYER, Marlyse. "O inglês nas *Comédias* de Martins Pena". In: *Pirineus, caiçaras*... 2ª. ed. São Paulo, Editora da Unicamp, 1991.

PRADO, Décio de Almeida. *João Caetano*. São Paulo, Perspectiva, 1972.

———. *História concisa do teatro brasileiro*. São Paulo, Edusp/Imprensa Oficial, 1999.

CRONOLOGIA

1815. Nascimento no Rio de Janeiro, em 5 de novembro, filho do juiz João Martins Pena (natural de Minas Gerais) e de Francisca de Paula Julieta Pena (fluminense).

1816. Órfão de pai.

1822. Independência do Brasil. Martins Pena conta 7 anos de idade.

1825. Órfão de mãe. Passa a ser tutelado pelo avô e depois por um tio materno, ambos homens de comércio.

1827. Estréia de João Caetano no Teatro de Itaboraí, com *O Carpinteiro de Livônia*.

1831. Abdicação de D. Pedro I em 7 de abril. Martins Pena conta 16 anos incompletos; o episódio político é tema de seu conto de estréia na literatura, "Um episódio de 1831", publicado em 8 de abril de 1838 na revista *Gabinete de Leitura*.

1832. Matricula-se em março na Aula de comércio, encaminhado pelos tutores comerciantes. Termina o curso com brilho, mas não sente vocação pelo comércio.

1833. Data provável da escrita de *O juiz de paz da roça*, que teve três redações, com revisões, cópias e acrescentamento de cenas: 1833, 1837 e 1838.

1833-37. Provável período em que escreveu *Um sertanejo na corte*, nunca impressa e sem notícias de representação. Restou cópia incompleta.

1834. Sua irmã Carolina se casa com o alto funcionário de Alfândega, Joaquim Francisco Viana, que nesse mesmo ano se elege deputado geral pela Província do Rio de Janeiro pelo Partido Conservador, ao lado de Joaquim José Rodrigues Torres (futuro Visconde de Itaboraí) e de Paulino José Soares de Sousa (futuro Visconde do Uruguai).

1835. Inicia-se a revolução farroupilha no Rio Grande do Sul, citada nas primeiras comédias.

1835-37. *Fernando ou O cinto acusador*, drama jamais publicado ou representado na época.

1837. Plano e escrita de *Uma família roceira*, depois *A família e a festa da roça*.

1838. Certamente amparado pelo cunhado, Martins Pena se liberta da tutela do tio e ingressa na Escola Imperial de Belas-Artes, fundada por D. João VI. Segue os cursos dos professores franceses que ainda lecionavam no Brasil. Estuda pintura, estatuária e arquitetura, mas abandona essas cadeiras e passa a estudar música e canto, aperfeiçoando sua voz de tenor. Estuda inglês, francês e italiano, idiomas que chega a falar fluentemente. Aplicado na leitura dos clássicos.

Nomeado, em 17 de setembro, amanuense da Mesa do Consulado da corte, cargo em que permanece até 1843; a 4 de outubro é levada anonimamente à cena do Teatro Constitucional Fluminense (antigo Teatro de São Pedro de Alcântara), pela companhia de João Caetano, sua primeira comédia *O juiz da roça*, depois intitulada *O juiz de paz da roça*. Estela Sezefreda, mulher de João Caetano, faz o papel de Aninha. Em novembro a pecinha atravessa a baía e é levada no Teatro Niteroiense, com grande aplauso. No mesmo ano, escrita do drama *D. João de Lira*, nunca representado ou publicado. A esta mesma fase talvez pertença *Itaminda ou O guerreiro de Tupã*, revisado em 1846, segundo data em manuscrito autógrafo.

1839. Publica pequenas narrativas, como "A sorte grande", "Minhas aventuras numa viagem de ônibus", "O poder da música" e "Uma viagem na barca a vapor" no *Correio das Modas*, dos irmãos Eduardo e Henrique Laemmert, de cuja redação supõe-se que participou. Publica também traduções e adaptações de textos estrangeiros na mesma revista. Escrita do drama *D. Leonor Teles*, nunca publicado ou representado.

1840. Representação de *A família e a festa da roça*, já agora com o nome do autor, ainda em benefício de Estela Sezefreda. Apresenta-se pela primeira vez no Brasil uma companhia francesa que apresenta Molière no Teatro São Januário e é provável que Martins Pena tenha assistido às peças.

1840-41. Datas prováveis da escrita de *Vitiza ou O Nero de Espanha*, drama em verso. Não foi publicado.

1842. Data provável da escrita de *Os dois ou O inglês maquinista*, comédia representada em 1845.

1843. Martins Pena é nomeado amanuense da Secretaria de Estado dos Negócios Estrangeiros. Funda-se o Conservatório Dramático Brasileiro, encarregado de exercer a censura nos teatros públicos. Dois anos depois, pelo decreto 425, a censura é instituída, passando em 1897 ao encargo da polícia, pelo decreto 2558.

1844. Datas da composição de *O Judas em sábado de Aleluia*, *Os irmãos das almas*, *O diletante*, *Os três médicos* e *O namorador ou A noite de S. João*.

1845. Escrita de *O noviço*, comédia em três atos, *O cigano*, *O caixeiro da taverna*, *As casadas solteiras*, *Os meirinhos*, *Quem casa, quer casa*, *Os ciúmes de um pedestre ou O terrível capitão-do-mato* e *As desgraças de uma criança*.

1846. Escrita de *O usurário*, comédia em três atos, nunca representada ou publicada. O manuscrito é incompleto, o mesmo sucedendo com *O jogo de prendas*. Ao mesmo ano pertence o plano de uma comédia em três atos, *A barriga de meu tio*. Existe ainda o manuscrito de uma comédia e o de um drama sem títulos.

1846-47. Entre setembro de 1846 e outubro de 1847, publica folhetins sobre espetáculos líricos no *Jornal do Comércio*, republicados em 1965 no Rio de Janeiro com o título *Folhetins – a Semana Lírica*, pelo Ministério da Educação e Cultura/ Instituto Nacional do Livro. Nessas crônicas confessa o desejo de escrever a ópera-cômica brasileira. Embora nunca tenha se casado, talvez seja dessa época a filha (Julieta) que teve com uma atriz.

1847. Em outubro, Martins Pena embarca para Londres na galera *Amélie*. Deixa a filha aos cuidados da irmã e do cunhado.
Em agosto, é nomeado adido de 1ª classe à Legação Brasileira em Londres.

1848. Tendo piorado da tuberculose, em novembro volta ao Brasil; retorna a Portugal, falecendo em Lisboa, no Hotel de France, cais do Sodré, a 7 de dezembro do mesmo ano. Foi sepultado no Cemitério dos Prazeres da mesma cidade.

1850. Em 11 de dezembro, seus restos mortais foram exumados e remetidos ao Brasil, onde se encontram no Cemitério de S. João Batista. É patrono da cadeira nº 29 da Academia Brasileira de Letras, escolhido por Artur Azevedo.

1898. 7 de dezembro, comemoração do cinqüentenário de morte de Martins Pena, promovida por Artur Azevedo, a que compareceu Julieta Pena de Araújo Guimarães, filha do comediógrafo.

NOTA SOBRE A PRESENTE EDIÇÃO

Esta edição, em três volumes, reproduz, com mínimas alterações, todos os textos que foram incluídos no volume *Comédias*, de Martins Pena, edição crítica de Darcy Damasceno, com a colaboração de Maria Filgueiras (Rio de Janeiro, MEC/INL, 1956). Algumas formas de expressão oralizadas foram mantidas, seguidas do advérbio *sic*. A grafia foi atualizada e a pontuação original foi preservada.

COMÉDIAS
(1845-1847)

OS MEIRINHOS

Comédia em 1 ato

[1845]

PERSONAGENS

MANUEL PIABA, JOÃO PATAQUINHA, JOSÉ PATUSCO — *meirinhos*
COIÓ CHEM-CHEM, *dono de bilhar*
FRÓIS FIGUEIRAS
FLORÊNCIO, *rico negociante*
JÚLIA, *sua filha*
AUGUSTO, *amante de Júlia*
MARIA NAVALHA, *mulher de Manuel*
JOGADORES DE BILHAR

A cena passa-se no Rio de Janeiro
no ano de 1845.

ATO ÚNICO

(O teatro, na antecena, representa uma sala. Portas laterais, mesas de um e outro lado; no fundo, três portas que deitam para outra sala, onde se vê um bilhar em que jogam diferentes pessoas, e outras sentadas em bancos ao redor, diversamente vestidas – tudo como se observa nessas casas de jogo. (N.B.: Durante a representação jogam bilhar, com as modificações que vão marcadas.)

Cena I

MANUEL *e* JOÃO. JOÃO PATAQUINHA, *sentado à mesa da esquerda, escrevendo;* MANUEL PIABA, *sentado à direita, bebendo. Na sala de bilhar jogam.*

JOÃO
(*escrevendo*)

"... que tão injustamente lhe foi dilapidada, pertencendo-lhe estas propriedades como em Juízo mostrará. Portanto pede a V. Sa. se digne mandar citar o suplicado para comparecer na primeira audiência deste Juízo. E.P.M. Citei ao suplicado hoje, 20 de julho de 1845, do que dou fé e passei esta por me ser pedida. Rio de Janeiro, 20 de julho de 1845. João da Assunção Amor Divino, Oficial de Justiça do Juízo Municipal." (*falando*) – Está pronta a contrafé... Bom, tenho os meus dez tostões ganhos. Vai bem o dia... (*chamando*) Manuel Piaba?

MANUEL

O que queres, João Pataquinha?

JOÃO

Que horas são?

MANUEL

Não sei.

JOÃO

O teu relógio?

MANUEL

Empenhei-o antes de ontem na Rua da Cadeia por quatro mil-réis, e desta enormíssima quantia estou bebendo os últimos vinténs... (*olhando para a garrafa*) Quero dizer, já bebi...

JOÃO

Estás com a onça?

MANUEL

O que queres? Deus pôs o homem no mundo para beber e comer; é preceito católico. Enquanto há, bebe-se; e quando não há, bebe-se ainda e come-se dos amigos. Para isso é que se inventaram os amigos.

JOÃO

Queres tu jogar uma mãozinha de trinta-e-um?

MANUEL

Vá feito. (*levantando-se*) Mas olha que eu estou na *disgra*, e quando jogo secam-se-me as goelas de modo que temo ficar danado...

JOÃO
(*chamando*)

Ó Coió?

MANUEL

Pagas?

JOÃO

Pago.

MANUEL

Bravíssimo, venham as cartas.

JOÃO
(*chamando*)

Ó Chem-Chem do diabo?

CHEM-CHEM
(*na outra sala*)

O que é lá?

João

Vem cá... Aqui estão as cartas. (*tira da algibeira da casaca um baralho de cartas muito sujo*) Embaralha tu. (*entra Chem-Chem*)

Chem-Chem

Tu é que me chamaste, Piaba?

Manuel

Não, foi João Pataquinha.

João

Manda-me uma garrafa da branca.

Manuel

Sim, sim, da branca, que é mais fresca e corroborante.

Chem-Chem

Já vem... (*sai*)

Manuel

A real o tento?

João

Sim... anda...

Manuel

(*dando cartas*)

Três e três... o diabo que te fez... estás para mim doce... muito bem... é trunfo... ás de copas... joga lá... que és a mão...

Chem-Chem

(*entrando com uma garrafa*)

Aqui está.

Manuel

Ora venha esse godório da bela bicuíba...

Chem-Chem

Não querem mais nada?

João

Não. (*Chem-Chem sai*)

Manuel

(*deitando aguardente no copo*)

Nada no mundo põe o homem com idéias mais claras do que um pingo de filosofia... À tua... (*bebe*)

João

(*bebendo*)

Para que vivas mil anos.

Manuel

(*depois de beber, cantando*)

Ora dêem-me da branca, senão desmaio; ora dêem-me da branca, senão desmaio. (*falando*) Querida beladona, milagrosa senhora!

João

(*jogando*)

Joga.

MANUEL

Espera, que a sobredita cuja ficou-me atravessada nas goelas; é preciso empurrá-la. (*deitando aguardente no copo*)

JOÃO

Acabarás por ficar bêbado... E assim é que um indivíduo só como tu desacredita uma corporação; encontram-te moafo na rua, e depois dizem – Todos os meirinhos são assim! – sem fazerem diferença dos bons e maus.

MANUEL

Quem, eu? Bêbado! Com este néctar brasileiro? (*bebendo*) Isto dá juízo, a filosofia do juízo. Ah, que pinga! E viva a pátria! Vamos. (*jogam*) É tua, joga. Ah, sô pinote, esta agora é do meco... Não podes comigo... Toma lá esta para teu sabão.

JOÃO

E esta para teu tabaco... Disto não pescas... E esta vai quentinha... paus nos dias maus...

MANUEL

E carapaus, é minha...

JOÃO

Para cá vens de carrinho...

MANUEL

Chupa mais esta. (*jogando com entusiasmo*)

JOÃO

Ai que não conheces a força dos pastéis de nata.

MANUEL

E a mana é nata?

VOZES

(*dentro, na sala de bilhar*)

Bravo a carambola, bravo! Ganhou, ganhou! Bravíssimo, bem jogado!

JOSÉ

Não foi carambola!

VOZES

Foi, foi! Não foi!

JOSÉ

Arrastou o taco, é ladroeira!

VOZES

É ladroeira! Não é! Ladrão será ele!

MANUEL

Que diabo é lá isso?

VOZES

(*dentro, gritando*)

Vinte e cinco pontos! Roubados! Perdeu! Ganhou! Ladrão! Patife! (*confusão na sala de bilhar, e os jogadores jogam às bordoadas com os tacos. José grita como desesperado, e Chem-Chem esforça-se para apaziguar a contenda*)

JOÃO

Pegaram-se.

MANUEL

É o diabo do José Patusco.

JOÃO

(*chamando*)

Ó Patusco?

MANUEL

Ó José Patusco? Ó maluco do diabo, vem para cá.

Cena II

Entra JOSÉ PATUSCO, *trazendo ainda o taco na mão.*

JOSÉ

(*entrando*)

Cambada, corja!

MANUEL

O que foi isso lá?

JOSÉ

O que havia [de] ser? O patife do Antônio Pé-Pé que arrastou o taco assim e fez uma carambola. Qual carambola! Para ganhar-me! Ladrão!

JOÃO

Deixa-o lá, senta-te aqui e vem jogar conosco.

MANUEL

E beba um gole desta sempre-viva. (*deitando no copo*)

José

Não bebo, não tenho teus maus costumes.

Manuel

Não queres? Isto assim no copo perde o fartum. (*bebe e estrala os lábios. Jogam*)

João

Para que te metes com esta canalha?

José

Ora, o *l'argent* faz-me cócegas nas algibeiras.

Manuel

Olé, tens *l'argent comptant?*

José

Algunzinho, Piabinha.

João

Como o ganhaste?

José

Ontem pela manhã tivemos ordem de dar em uma casa onde haviam (sic) meias-caras. A diligência havia de ser feita à noite, mas eu, que já sei por experiência como se vive no mundo, fui mais que depressa contar tudo ao dono dos meias-caras, e quando lá chegamos à noite os melros estavam fora do ninho.

Manuel

E isto rendeu-te...

José

Cinqüenta mil-réis.

João

Bravo!

José

Regra geral: toda a vez que uma maroteira render mais do que o cumprimento de um dever, haverá no mundo maior número de velhacos do que de homens de bem.

Manuel

É verdade; tu ganhaste cinqüenta mil-réis por uma maroteira, e eu, uma sova de pau por cumprir ontem meu dever.

João

Como foi lá isso?

Manuel

Um sujeito lá de Inhaúma devia certa quantia a outro cá da cidade, e não a queria pagar. O credor, à custa de muito empenho, obteve um mandado de penhora e escolheu-me para executá-la. Aluguei um cavalo no Largo da Sé – que bacamarte! –, levei dois formidabilíssimos tombos no caminho – que caminhos! Também a Câmara Municipal não vê isso! – e chegando à casa do executado apresentei-lhe o mandado, e o patife, em vez de se prestar ao andamento da Justiça de boa vontade, puxou por um pau, e agora verás...

José *e* João
(*rindo-se*)

Ah, ah, ah!

Manuel

Vocês riem-se? Cá tenho o lombo em pandareco! E se não deito a correr como um veado, lá ficava-me o canastro.

Cena III

Fróis *e os ditos*

Fróis

Manuel Piaba?

Manuel

Que é lá? Ah, Fróis! (*Manuel fala com a dificuldade das pessoas que principiam a ficar com as idéias perturbadas pelo vinho.*)

Fróis

Preciso muito de ti. (*Manuel levanta-se e vai com Fróis para o lado esquerdo do teatro. José e João ficam à mesa, jogando*)

Manuel

Para quê?

Fróis

Vou hoje tirar uma moça por justiça.

MANUEL

Tu? E quem é a moça?

FRÓIS

A filha de meu antigo amo Florêncio Antônio.

MANUEL

A filha do Florêncio, de um negociante tão rico, quer casar contigo? Estais zombando.

FRÓIS

Vê-lo-ás. Queres ou não acompanhar-me? A sege está a nossa espera.

MANUEL

Acompanho-te; esse é o meu ofício. Mas dize-me primeiro, como diabo tiveste tu habilidade de arranjares esse casamento tão rico?

FRÓIS

Nada mais fácil. Sabes que fui durante dois anos caixeiro do Florêncio, pai de minha bela; e enquanto tratava dos negócios do pai namorava a filha.

MANUEL

E por isso te pôs ele no olho da rua. Ah, ah!

FRÓIS

Não foi só por isso. Dizia ele que eu em vez de cuidar nos seus negócios, gastava todo o meu tempo nos botequins e bilhares.

MANUEL

Lá isso é verdade. Aqui neste bilhar foi que eu te conheci. E faço-te justiça, gastavas dinheiro como um príncipe, pagavas a pinga...

FRÓIS

Para que serve o dinheiro, senão para gastar-se?

MANUEL

É verdade. Principalmente quando ele não é nosso.

FRÓIS

Hem?

MANUEL

Tenho cá minhas desconfianças que andavas também namorado do dinheiro de teu amo.

FRÓIS

Quem te disse?

MANUEL

Suponhamos que assim era, e continua.

FRÓIS

Tivesse ou não razão, pôs-me para fora de sua casa; mas eu, nada de deixar o namoro... Assim era eu asno!

MANUEL

Se a coisa estava pegada...

Fróis

Mais que pegada. A menina estava mesmo pelo beiço – que tolinha! – apesar da corte que lhe fazia um tal senhor Augusto, amigo do velho. Mas esse é um toleirão, pensa que se namoram as moças do tempo de hoje com suspiros e olhadelas a furto... Eu cá tenho o meu sistema... Cartinhas sobre cartinhas, promessas às mãos cheias, e toca para diante. Comprometê-las, oferecendo-se a ocasião. Não há nada como comprometer uma moça; ao depois alcança-se delas tudo.

Manuel

Sim, e às vezes também uma arrochada de pau da parte dos parentes.

Fróis

Quem nada arrisca nada tem. Demais, aí está o resultado para justificar-me. Tanto fiz, que até arranquei da menina uma cartinha – aqui a tenho – e graças ao seu conteúdo, vou hoje tirá-la por justiça... E tenho a minha fortuna feita; o pai possui para mais de duzentos contos; ela é filha única. Teremos bom dote e depois a herança.

Manuel

Sim, sim, conta com isso... Não vê que casando ele a filha contra sua vontade [não] há de dar dote. E quem sabe mesmo se a não deserdará?

Fróis

(*rindo-se*)

Ah, ah, ah! Não dar dote! Deserdá-la! Ou és tolo, Piaba, ou queres me fazer de tolo. Quem tira moça rica por justiça já sabe como estas coisas se fazem, e calcula muito bem. Ah, se calcula! Nos primeiros dias o pai ou a mãe lograda gritam, esbravejam: "Filha ingrata, abandonar sua mãe que tanto a estimava! Perversa! Quem o diria? Ingrata, ingrata!" No fim de uma semana já a coisa está mais serenada e principiam a lembrarem-se da filha com saudades. Então aparecem as amigas e os amigos: Ora, senhora dona Fulana, ora senhor Fulano, ela sempre é sua filha... Fez mal, é verdade, mas enfim o mal está feito; lembre-se que é seu sangue, sua filha, que viverá na miséria, se a não perdoar. Estas e outras lamúrias, que a maior parte das vezes são de encomendas, e a natureza, que sempre puxa...

MANUEL

Ah, se puxa! Puxa.

FRÓIS

Acalma toda a indignação, perdoa-se a filha rebelde e aí vem o dote cantando... Isto são favas contadas! É cálculo que não falha; por isso há tantas moças tiradas por justiça.

MANUEL

Então os que tiram moça rica por justiça não se importam com os pais e as mães?

FRÓIS

E para quê? Nós o que queremos é o consentimento das moças. A sábia e providente natureza que se encarregue de consolar os pais e mães e trazê-los à razão. Tu não sabes, Piaba, que forças tem o vínculo sagrado do sangue, o grito da natureza, o amor maternal. Ah, ah!

MANUEL
(*à parte*)
Este vai longe no mundo; é velhaco!

FRÓIS
Enfim, caro Piaba, meteu-se-me na cabeça que havia de ser rico. E como não tenho grande vontade de trabalhar, nem paciência para esperar anos pela riqueza, procurei uma herdeira rica; é um meio de fazer fortuna como outro qualquer, e mais suave...

MANUEL
Se a mulher não é o diabo.

FRÓIS
Nesse caso, meu Piaba, fica-se com o dinheiro, e manda-se o diabo para o inferno. Espera, preciso falar com Chem-Chem. Ó Chem-Chem? (*chamando*)

MANUEL
O que queres com ele?

FRÓIS
Tenho que lhe falar.

CHEM-CHEM
(*à porta do fundo*)
Quem me chama?

FRÓIS
Escuta.

CHEM-CHEM

Oh, és tu? (*aproximando-se*) Que temos? (*Enquanto Fróis pratica com Chem-Chem, Manuel aproxima-se da mesa onde estão João e José e com eles mostra que fala*)

FRÓIS

Quero te dar parte que me caso.

CHEM-CHEM

Sim? E com quem?

FRÓIS

Com um peixão.

CHEM-CHEM

Fala francês?

FRÓIS

O quê?

CHEM-CHEM

Pergunto se ela fala francês, ou se traduz só. (*assim dizendo esfrega o dedo polegar no dedo indicador como quem quer perguntar se tem dinheiro*)

FRÓIS

Oh, fala perfeitamente... E que linda pronúncia que tem!

CHEM-CHEM

Belo é isso. E quando o casório?

FRÓIS

Em duas ou três horas. Vou agora mesmo daqui com o amigo Piaba tirá-la por justiça.

CHEM-CHEM

Ah, maroto, já me admirava que não fizesses das tuas...

FRÓIS

Mas meu caro Chem-Chem, eu tenho um grande favor que pedir-te; ficar-te-ei muito agradecido e mesmo te recompensarei depois que receber o dote.

CHEM-CHEM

Conta comigo.

FRÓIS

Eis o caso. Se eu não tiro neste quarto de hora a moça da casa do pai, esse, que já anda meio desconfiado, é capaz de embargar-me a vasa; por outro lado, se tiro já a dita, não posso levá-la imediatamente para a igreja e casar-me, porque me faltam certos papéis.

CHEM-CHEM

E que queres tu que eu faça?

FRÓIS

Eu te digo. Vou já tirar a menina; isto concluído, deposito-a em tua casa, enquanto arranjo os papéis, e volto depois.

CHEM-CHEM

Oh, homem desalmado! Depositá-la aqui... Uma menina em um bilhar? E demais, não tenho família e isso seria feio. Uma menina que será tua mulher?

FRÓIS

E o que tem isso? É um momento.

CHEM-CHEM

Sim, mas ela estranhará, deve espantar-se e...

FRÓIS

Estás enganado. Quem se deixa tirar por justiça não se espanta por tão pouco. Fazes ou não o favor?

CHEM-CHEM

Por mim estou às tuas ordens. Tenho aquele quarto e lá ficará. A tua observação convence-me.

FRÓIS

Obrigado! Manuel, vamos.

MANUEL

(*para José e João*)

Esperem-me, que já volto. (*sai com Fróis*)

Cena IV

JOÃO *e* JOSÉ *à mesa, e depois* MARIA

JOÃO

Já o Piaba achou freguês.

José

Sempre disse que ele é mais feliz do que nós.

João

É, é, mas o diabo não ajunta pecúnia; tudo é pouco para a beladona.

José

Está bom, parla pouco e joga, Pataquinha da minha alma. Deixa-o beber, que bebe do que é seu. (*aqui entra Maria Navalha de mantilha pela cabeça*)

João

(*vendo-a*)

Que bruxa é essa que aí vem?

Maria

Sr. José Patusco?

José

Oh, és tu, Maria Navalha?

Maria

O senhor viu por cá meu marido, Manuel Piaba?

José

Não há cinco minutos que daqui saiu.

Maria

Para onde foi?

José

Não sei.

Maria

Voltará?

João

Disse-nos que sim.

Maria

Esperarei. Dá licença que me assente?

João

Pois não. (*Maria assenta-se*)

José

Quer tomar um godório?

Maria

Obrigada.

João

Então anda procurando seu marido?

Maria

O que quer o senhor? Desde ontem pela manhã que saiu de casa; ainda lá não voltou. Nem vintém deixou-me para comer. Isto são modos? Se o encontro, ponho-lhe a minha marca.

José

Safa, rascada! (*levanta-se*)

João

Onde vais?

JOSÉ

Dar algumas voltas. (*sai*)

MARIA

Ah, Sr. João, dê graças a Deus não ser o senhor casado com um marido como o meu. Aí vem gente.

Cena V

FLORÊNCIO *e os ditos*

FLORÊNCIO

Perdoe-me, o senhor é oficial de justiça?

JOÃO

(*levantando-se*)

Para o servir.

FLORÊNCIO

Quisera que se encarregasse deste mandado de prisão.

JOÃO

Pois não. (*tomando o mandado*)

FLORÊNCIO

Esse mandado é lançado contra Fróis Figueiras, como falsificador de firma.

JOÃO

Fróis Figueiras?

Florêncio

Conhece-o?

João

Muito. Deixe o caso por minha conta, que há de ficar satisfeito com a diligência.

Florêncio

E além da paga da lei, serei generoso.

João

Vou executá-lo quanto antes. Falsificador? Que tratante! (*sai*)

Cena VI

Forêncio *e* Maria *sentada à mesa*

Florêncio

(*à parte*)

Tenho sido até hoje indulgente com esse moço que por dois anos foi meu caixeiro. Cansado de aturar seus vícios e extravagâncias e exasperado pelo seu atrevimento em namorar minha filha, expulsei-o de minha casa. Dos vícios ao crime o caminho é escorregadiço... Dois meses depois de sair de minha casa, foi-me apresentada uma letra por mim aceita e cuja firma reconheci ser falsa; paguei porque minha assinatura estava perfeitamente imitada. Indagando ao depois, soube que o autor desse crime era esse mesmo moço. Tive compaixão de sua mocidade e não dei por isso andamento ao processo que o levaria a expiar o crime nas galés. Mandei avisar-lhe que muito bem conhecia donde partia o atentado; mostrou-se arrependido e eu o supus emendado. Como enganei-me! Avisaram-me ontem que ele premedita roubar minha filha. Ainda que não possa crer em semelhante arrojo, bom será acautelar-me. Quis ser compassivo e ele obriga-me a persegui-lo. Assim o quer, assim o tenha... Daqui a duas ou três horas já não o temerei; as portas da cadeia fechar-se-ão sobre ele. Vamos para casa; bom será tomar por lá também as necessárias precauções. (*sai*)

Cena VII

MARIA, *só*

MARIA

Que diabo estava este velho a resmungar? Se fosse mulher, diria que anda atrás do marido; mas sendo homem, não sei... Decerto não procura mulher. (*ouve-se o rodar de uma sege, que pára*) Onde estará o meu Piaba? Ah, se o pesco, meto-lhe estes cinco anzóis pelas goelas...

Cena VIII

Entra MANUEL *seguido de* JÚLIA, *que virá envolta em um grande xale e um véu pela cabeça.* MANUEL *está completamente bêbado.*

MANUEL

Chem-Chem? Ó Chem-Chem?

MARIA

(à parte)

Ai, que é ele... E traz uma mulher! *(esconde-se atrás da mesa, abaixando-se)*

CHEM-CHEM

(entrando)

O que é lá?

MANUEL

Aqui está esta moça do Fróis, sabes?

CHEM-CHEM

Sei. Venha cá, minha senhora.

JÚLIA

Mas para onde me conduzis, senhor?

MANUEL

Não tenha medo, que não somos papões.

MARIA

(à parte)

Que quererá isto dizer?

JÚLIA

(à parte)

Meu Deus, deixar-me ele aqui com pessoas que eu não conheço e com um companheiro neste estado!

CHEM-CHEM

A senhora não é a pessoa tirada por justiça pelo Sr. Fróis?

Júlia

Sim senhor.

Manuel

Foi ele mesmo, compadre, que a tirou, e ainda em cima pagou-me a bela da pinga.

Chem-Chem

O Sr. Fróis, meu amigo, pediu-me que a tivesse aqui depositada por alguns instantes, enquanto ia concluir certos arranjos para se poder casar.

Júlia

Depositada aqui, em uma casa de bilhar! Ah, eu supus, quando ele deixou-me à porta, que estava em uma casa de família.

Chem-Chem

Estamos em família.

Júlia

Quero me ir embora.

Chem-Chem

(*retendo-a*)

Esperai; agora é tarde. Para que vos deixastes tirar por justiça? Teve ânimo para isso e não tem agora para demorar-se aqui um instante? Ora, gosto destes momos! Sou macaco velho, menina; não me logra como logrou seu pai. Esta casa é muito capaz.

Manuel

Capacíssima! A pinga é excelente!

JÚLIA

Saiamos daqui, que da outra sala nos observam. (*à parte*) Meu Deus, já me vou arrependendo do passo que dei! Vamos.

CHEM-CHEM

É o mais acertado. (*vão para o quarto da esquerda*) Pode entrar. (*Júlia sai*)

Cena IX

CHEM-CHEM *e* MANUEL, *e* MARIA *escondida.*

MANUEL

Coió, és um homem às direitas.

COIÓ

O peixe não é mau... E a fazer-se de tímida... Ora! (*aqui Maria vem se aproximando deles*)

MANUEL

(*para Coió*)

Dá cá um abraço.

COIÓ

(*arredando-se*)

Chega-te para lá. Bebeste tanto no caminho?

MANUEL

(*seguindo-o*)

Não bebi, deram-me a beber. Dá cá um abraço. (*abraça-o*)

Coió

Pior. (*empurra, e voltando as costas sai. Manuel vai caindo sobre Maria, que o sustém*)

Maria

Estás seguro!

Manuel

Que é lá? Oh, diabo!

Maria

Agora é que havemos de ajustar nossas contas.

Manuel

A conta do vinho bebido está paga; se queres pagar outra...

Maria

Olhem como está isto! Não tens vergonha? Como está bêbado!

Manuel

Bêbada estás tu, que estás andando à roda.

Maria

Isto? Assim é que um maroto deste desacredita os companheiros, que são homens sérios e bem morigerados.

Manuel

Apoiadíssimo!

Maria

Depois pagam uns pelos outros.

MANUEL

Tu pagas? Vamos a ela, à filosofia!

MARIA

Quem é aquela mulher que trouxeste?

MANUEL

Aquela? (*rindo-se*) Ah, ah, ah!

MARIA

De que te ris? Quem é ela?

MANUEL

É uma mulher, como tu.

MARIA

Mas quem é? Como se chama?

MANUEL

Como se chama?

MARIA

Sim.

MANUEL

Chama-se… já não me lembro, mas fui eu que a tirei da casa do pai.

MARIA

Tu? E para quê?

MANUEL

É boa! Para se casar comigo.

MARIA

Ah, contigo? Como está esta cabeça!

MANUEL

Comigo, sim! Então pões dúvida? Tu já não prestas; estás velha, acabada. Preciso casar-me de novo e tirei aquela. E viva a pátria!

MARIA

Hei de saber quem é.

MANUEL

(*retendo-a*)

Espera... que te enfio!

MARIA

Deixa-me! Quem sabe se não é mesmo alguma amante tua... Larga-me; quero vê-la.

MANUEL

(*retendo pelo lenço*)

Diabo! (*esforçam-se cada um para seu lado, e Manuel, desprendendo-se de Maria, cai de costas*)

MARIA

É bem-feito! E coitada dela, se for tua amante. (*sai pela esquerda*)

MANUEL

(*deitado no chão*)

Espera... Hem? Não responde? Isto está a cair... É um pião, o mundo... Anda às avessas; devia andar assim, e anda assim. Então, não respondes? (*cantando*) Bravo minha vida, sou todo teu!

JÚLIA

(*dentro*)

Senhora, que me quereis?

MANUEL

(*no mesmo*)

Quem vem lá? Passe de largo! (*cantando*) Ora dê-me da branca, senão desmaio.

JÚLIA

(*dentro*)

Deixai-me! Quem me socorre?

MANUEL

(*sentando-se*)

Quem vem lá? Temos inimigos pela popa.

JÚLIA

(*dentro, gritando*)

Quem me socorre, quem me socorre? (*Chem-Chem e todos os que estão no bilhar acodem ao grito; Manuel levanta-se*)

CHEM-CHEM

O que é? O que foi?

MANUEL

Inimigos pela retaguarda. (*Júlia sai do quarto correndo adiante de Maria*)

JÚLIA

Deixai-me, deixai-me!

MARIA

(seguindo-a)

Quero saber quem sois.

CHEM-CHEM

O que é isso?

JÚLIA

(correndo para Chem-Chem)

Livrai-me desta mulher!

MANUEL

Faça alto!

CHEM-CHEM

(para Júlia)

Sossegue! *(para Maria)* O que foi a senhora fazer naquele quarto?

MANUEL

Apoiadíssimo!

MARIA

Saber quem era esta senhora.

CHEM-CHEM

E que se importa com isso?

MANUEL

Apoiadíssimo!

MARIA

Muito. Meu marido, este beberrão...

MANUEL

Não há de quê.

MARIA

(*continuando*)

... foi quem a trouxe, e eu queria saber se era sua amante.

JÚLIA

Meu Deus, a que aviltamento me reduziste! Para que deixei a casa de meu pai?

CHEM-CHEM

(*para Maria*)

Já daqui para fora!

Cena X

Entra FRÓIS.

FRÓIS

Que bulha é esta?

JÚLIA

(*correndo para ele*)

Fróis!

FRÓIS

Júlia, o que foi? O que aconteceu-te?

JÚLIA

Leva-me daqui; vamos!

FRÓIS

Chem-Chem, o que fizeram a esta senhora?

CHEM-CHEM

Foi esta mulher.

MARIA

Veja lá como fala...

MANUEL

Veja lá, hem? (*aqui aparece no fundo João, seguido de dois companheiros, e vem se aproximando pouco a pouco de Fróis*)

JÚLIA

Vamos, vamos, leve-me deste horrível lugar! Não posso, não devo estar aqui mais tempo.

FRÓIS

Nada temas agora que estais a meu lado, e perdoa-me se por alguns instantes deixei-te entregue aos insultos desta canalha.

TODOS

(*insultados*)

Canalha?

FRÓIS

Sim, canalha!

JÚLIA

Fróis!... (*rumor entre os jogadores*)

FRÓIS

Venham agora insultar-te... Agora que tens um defensor! Cambada! (*João e os seus, que a este tempo está por detrás de Fróis, lança-lhe a mão à gola da casaca*)

JOÃO

Está preso por parte da Justiça.

JÚLIA

Ah!

FRÓIS

Preso?

JOÃO

Como falsificador de firma. Cá está o mandado.

JÚLIA

(*recuando*)

Meu Deus! Falsificador?

FRÓIS

Estou perdido!

MARIA

Olhem o ladrão que nos chamava canalha!

TODOS

Fora o ladrão!

JÚLIA

Ah! (*pondo a mão sobre o coração e como prestes a cair. Maria, vendo-a nesse estado, corre para junto dela*)

João
(*para Fróis*)

Acompanhe-me.

Fróis
(*forcejando para soltar-se*)

Deixai-me... Júlia! (*Júlia desmaia nos braços de Maria*)

Maria

Desmaia! Senhora?

Fróis
(*forcejando*)

Deixai-me!

João

Agüenta, rapaziada, e levemo-lo à força! (*os dois que o acompanharam seguram em Fróis*)

Fróis
(*debatendo-se*)

Oh, oh!

Jogadores

Fora o ladrão!

João

Nada de resistência à Justiça... Agüenta, rapaziada! (*vão conduzindo-o à força para fora*)

Fróis

Deixai-me, deixai-me! Júlia? (*todos os jogadores o seguem dando apupadas, assobios e gritando:* Fora, ladrão! Fora, ladrão!)

JOÃO

Agüenta, agüenta! (*levam Fróis à força pelo fundo e saem completamente de cena. Maria tem Júlia sustida nos braços e procura fazê-la tornar a si*)

MANUEL

(*parado no mesmo lugar, enquanto levam Fróis*)

Ladrão! Ladrão!

MARIA

(*para Chem-Chem*)

Ajude-me aqui.

CHEM-CHEM

(*chega-se para junto de Maria*)

Pobre senhora! O que faremos?

MARIA

Está fria... Não vai ela morrer...

CHEM-CHEM

Pior é essa.

MARIA

Será bom mandar chamar um médico. (*para Manuel*) Vai tu chamar um médico.

MANUEL

(*aproximando-se*)

Dá cá o pulso.

CHEM-CHEM

Salta para lá!

MANUEL

Dá-lhe um gole da gloriosa, e verás.

MARIA

O senhor não tem por aí alguma cama?

CHEM-CHEM

Tenho naquele quarto.

MARIA

O melhor é levá-la para lá, deitá-la; talvez que assim volte a si.

CHEM-CHEM

Pois levemo-la. (*vão levando a Júlia meio carregada e saem pela esquerda*)

MANUEL

(*só*)

Dá-lhe a gloriosa sempre-viva! Isto está muito bom. Que ladrão! Ora viva, que tenho as pernas a ver jurar testemunhas... (*assenta-se à mesa*) O descanso Deus amou. (*cantando*) Vida de minha vida... (*pegando na garrafa que está sobre a mesa*) Vem cá, minha companheira. (*deita vinho no copo e bebe. Cantando*) Não tem juízo, diz minha tia, quem nunca prova, filosofia...

Cena XI

Entra apressado AUGUSTO.

AUGUSTO

(*entrando e vendo Manuel*)

Oh, enfim o encontro, senhor.

MANUEL

Que é lá?

AUGUSTO

Não foi o senhor que em companhia do Sr. Fróis, ainda não há uma hora, tiraram por justiça a filha do Sr. Florêncio?

MANUEL

E tem que dizer a isto?

AUGUSTO

Onde está essa senhora? Para onde a conduziram?

MANUEL

Quem? Ela, a menina?

AUGUSTO

Sim, sim, e depressa, que talvez ainda seja tempo de salvá-la. Depressa!

MANUEL

Sei lá disso... Importo-me cá com isso...

AUGUSTO

(*segurando e sacudindo*)

Hás de dizer, ou eu...

MANUEL

Então, que é lá isso, hem?

Cena XII

JÚLIA *sai do quarto apressada diante de* MARIA *e* CHEM-CHEM.

JÚLIA
(*entrando*)
Deixai-me, deixai-me!

AUGUSTO
(*vendo-a*)
Dona Júlia!

JÚLIA
(*vendo-o*)
O Sr. Augusto! (*pára, como envergonhada*)

MANUEL
Ora, eis aí está! (*Chem-Chem e Maria, vendo Augusto aproximar-se de Júlia, param e por alguns instantes como que conversam. Chem-Chem ao depois faz acionados como quem diz:* Deixá-los! *e sai pelo fundo. Maria dirige-se para Manuel e procura fazê-lo sair; ele resiste, o que vendo Maria, toma a garrafa que está sobre a mesa e sai, o que obriga-o a acompanhá-la, e saem. N.B.: Estas duas cenas mudas devem durar pouco mais ou menos até metade do diálogo de Augusto e Júlia*)

AUGUSTO
A senhora aqui... nesta casa?

JÚLIA
(*envergonhada*)
Meu Deus!

AUGUSTO

A filha do Sr. Florêncio em um botequim, no meio desta gente? Oh!

JÚLIA

Senhor!...

AUGUSTO

Chegaria eu tarde para salvar-vos? Acaso vossa sorte já ligada...

JÚLIA

Oh, não!

AUGUSTO

Não? Meu Deus, eu vos dou mil graças! Ainda é tempo de salvá-la. Dirigia-me à casa de vosso pai, como de costume, a fim de visitá-lo, quando soube que tínheis sido tirada por justiça por um infame... Perdoai-me. Esta notícia aniquilou-me como pudera ter feito um raio que me caísse aos pés, mas em breve a indignação excitou-me o ânimo e deu-me forças para tudo indagar e prevenir o mal, se ainda fosse possível. Graças a Deus chego a tempo!

JÚLIA

Meu Deus, meu Deus, a que estado me reduziste!

AUGUSTO

Eis aqui, senhora, aonde vos conduziu a vossa loucura e cegueira!

JÚLIA

Senhor!...

AUGUSTO

Perdoai-me se assim vos falo. Salvando-vos de um precipício, tenho o direito de assim o fazer. Eu vos amava, e a vossa vida era minha existência.

JÚLIA

Sr. Augusto!...

AUGUSTO

Tínheis no meu coração, que só por vós palpitava, um tesouro de amor e esperança. Desprezaste-o. Um pensamento único me ocupava: o de perscrutar o meio de fazer-vos feliz, se tivesse a ventura de possuir-vos, e só temia que não me desse Deus inteligência e força para tornar-vos o mundo um paraíso. Oh, que sonhos estes meus, de que tão cruelmente me despertaste!

JÚLIA

(*à parte*)

Como fui castigada!

AUGUSTO

Desprezaste a quem vos tinha na terra como um ídolo, para seguires aquele que só via em possuir-vos o meio de enriquecer-se. Incauta, que não soube diferençar o amante sincero do vil interesseiro; o homem honesto do infame impudente. Deixastes-vos iludir por palavras lisonjeiras e cavilosas, e as exterioridades arrastaram-vos a esse abismo. Que infame! Deixar-vos nesta casa, no meio desta gente...

JÚLIA

Oh!

AUGUSTO

Sabeis, senhora, que uma menina como vós, tímida e honesta, seria manchada e desacreditada para toda a vida se aqui fosse encontrada?

JÚLIA

(*lançando-se-lhe aos pés*)

Oh, levai-me, levai-me daqui!

AUGUSTO

Para isso vim eu. O amante desprezado vos salvará, já que o preferido vos perdeu... Vamos.

JÚLIA

Eu vos serei reconhecida.

AUGUSTO

Só reconhecimento? Vamos, vosso pai vos espera.

JÚLIA

Não, não! Para casa de meu pai, não!

AUGUSTO

E por quê?

JÚLIA

Se o encarasse agora, morreria de vergonha. Levai-me para outra parte.

AUGUSTO

Pois bem, levar-vos-ei para casa de minha mãe, e depois procurarei vosso pai. Ele vos ama, e vos perdoará.

Júlia

Foi essa crença que perdeu-me. Quanto vos devo! E persuadi-vos... (*aqui entra pelo fundo José, e vendo os dois em cena, pára e observa*)

Augusto

Oh, não me digais nada. Poderia nutrir doces esperanças... Só fala em vós a gratidão, e essa é tantas vezes passageira! Guardai vossas palavras para tempo em que eu possa crer nelas. Vamos. (*saem pelo fundo e José os espreita*)

Cena XIII

José, *só*

José

(*depois de observar a Augusto e Júlia que saem*)

Olá, está belo! Onde pilharia o malandro esta menina? E parece que vão de batida... Muito bem; cá me ficam as feições, talvez venha a servir. Pareciam-me assim sarapantados... Não tem dúvida, é o que penso.

Cena XIV

Entra Florêncio *apressurado.*

Florêncio

(*entrando*)

Senhor?

JOSÉ

Que é lá? (*à parte*) Este também parece-me assaralhopado.

FLORÊNCIO

Sois oficial de justiça?

JOSÉ

Para o servir.

FLORÊNCIO

Vistes aqui uma moça em companhia de um moço?

JOSÉ

Um moço e uma moça? Vi, vi.

FLORÊNCIO

E onde estão?

JOSÉ

A moça é assim de uma estatura regular, cintura fina, corpo bem lançado, olhos vivos e expressivos, boca engraçada...

FLORÊNCIO

Sim, sim, mas dizei-me...

JOSÉ

Homem, deixe-me acabar o retrato. Pé delicado, andar garboso, e um não sei o que de feiticeiro em todos os gestos...

FLORÊNCIO

É isso mesmo. E onde está?

JOSÉ

Há pouco que daqui saíram.

FLORÊNCIO

Ah, é talvez tarde! Senhor, nesta carteira estão quinhentos mil... Eles pertencerão à pessoa que dentro de cinco minutos prender esse homem que leva minha filha roubada.

JOSÉ

Oh, a moça é vossa filha e vai roubada? E os quinhentos mil-réis são para a pessoa que prender o melquetrefe?

FLORÊNCIO

Sim, e mais ainda, se o pedir.

JOSÉ

No pedir mais não será a dúvida... Esperai aqui um momento, que tereis notícias minhas e do dito. Verá para quanto serve José Patusco em uma ocasião desta. Alerta, rapaz, que os quinhentos estão na unha. Volto em um pulo... (*sai correndo*)

FLORÊNCIO

(*senta-se junto à mesa*)

Desgraçado de mim... Filha ingrata! Abandonares teu pai, que tanto te amava, para seguires um homem manchado de crimes e vícios... Tardio andei eu. Fatal compaixão! Se há mais tempo o tivesse entregue à Justiça... Ah, a estas horas talvez já ligados! (*aqui entra pelo fundo Manuel com um papel na mão, que lê atentamente; segue-o Maria*) Oh, que enlouqueço! Com tanto amor criada, para assim acabar... Meu Deus, meu Deus, preveni o crime! (*esconde a cara nas mãos e fica como absorto*)

MARIA

(*para Manuel, à parte*)

Vem para casa. O que estás a ler? Vem!

MANUEL

Cala-te, mulher, olha. (*mostrando-lhe o papel e lendo*) "Por ordem da Polícia, o oficial de justiça Manuel da Assunção Amor Divino – é cá a pessoa –, prenderá onde quer que encontre o réu Fróis Figueiras, por haver falsificado, etc.". Então, tem que lhe dizer?

MARIA

Bem vejo, mas como hás de tu prender a um homem no estado em que estás?

MANUEL

Meu estado é... meu estado... (*vendo Florêncio*) Olá, quem é este?

MARIA

Deixa lá quem está quieto.

MANUEL

Será o meu homem? Vejamos os sinais... (*vendo no papel*) Alto... Este é alto.

MARIA

Qual alto!

MANUEL

Psiu! (*lendo*) Vinte e cinco anos... Este não tem mais.

MARIA

Quê? Este homem tem mais de cinqüenta!

MANUEL

Psiu! (*lendo*) Cabelos pretos... É ele, não tem dúvida.

MARIA

Pois chamas àqueles cabelos pretos? Brancos como são?

MANUEL

Psiu! Não atrapalhes a Justiça. (*lendo*) Ar decidido... É ele, não tem dúvida! (*caminhando para Florêncio e batendo-lhe no ombro*) Estás preso por parte da Polícia.

MARIA

Manuel!

FLORÊNCIO

(*levantando-se*)

Ah, o que quereis?

MANUEL

(*agarrando-lhe na gola da casaca*)

Estás preso.

FLORÊNCIO

Preso? E por quê?

MANUEL

Lá no xilindró lhe dirão.

FLORÊNCIO

Mas senhor, quero primeiro saber...

MARIA

Meu senhor, este homem não sabe o que faz, não está em seu juízo.

MANUEL

Meu juízo? Olha que te levo também para cadeia. (*para Florêncio*) Está preso.

FLORÊNCIO

Deixai-me!

MANUEL

Está preso, e tenho dito. Aqui está a ordem. (*apresenta-lhe a ordem. Florêncio, tomando a ordem, lê em silêncio*)

MARIA

(*para Manuel*)

Larga o homem, que não é este. Não vês que é um velho, e que o outro deve ser moço?

MANUEL

Psiu! Não atrapalhes a Justiça.

Cena XV

Aqui entra correndo pelo fundo Fróis, *todo roto, e sem ver os que estão em cena sai acelerado pela porta da esquerda e a fecha sobre si.*

Florêncio
(*vendo Fróis*)

É ele! (*para Manuel*) Senhor, viste aquele homem que para ali entrou correndo? É dele que reza esta ordem de prisão. Fazei vosso dever, ide prendê-lo!

Manuel

Ah, a ordem é para ele? Está bom; então queira perdoar. Maria, vamos prendê-lo. (*encaminha-se para a porta por onde saiu Fróis*)

Maria

Vem cá, homem.

Manuel

Psiu! Não atrapalhes a Justiça.

Florêncio

Depressa! (*à parte*) Como explicar isto? E ela?

Manuel

Está fechada.

Florêncio

Arrombai!

Cena XVI

Entra JOSÉ *trazendo preso* AUGUSTO; JÚLIA *os segue.*

JOSÉ

Nada de resistência! (*para Florêncio*) Aqui está o ladrão da moça.

FLORÊNCIO

Augusto! Júlia!

AUGUSTO

(*ao mesmo tempo*)

O Sr. Florêncio!

JÚLIA

(*ao mesmo tempo*)

Meu pai!

FLORÊNCIO

O que quer isto dizer? Como vos achais aqui?

JOSÉ

Este é o ladrão que roubou a vossa filha. Pilhei-os mesmo com a boca na botija. E venham os quinhentos...

FLORÊNCIO

(*para Augusto*)

Explicai-me...

AUGUSTO

Sabendo que um infame tirara a vossa filha por justiça, corri em seu alcance, e felizmente ainda cheguei a tempo de a salvar. Conduzia-a para vossa casa, quando este homem prendeu-me e para aqui conduziu-me.

FLORÊNCIO

E ela? Ela... ainda está livre... ou...

AUGUSTO

Ainda, senhor! O malvado não teve tempo de consumar o crime.

FLORÊNCIO

Filha, filha, a meus braços, que ainda te posso perdoar! (*corre e abraça-se com Júlia*)

JÚLIA

Meu bom pai, perdoai-me!

Cena XVII

Entra JOÃO, *seguido de* CHEM-CHEM *e de todos os jogadores.*

JOÃO
(*entrando*)

Por aqui, por aqui; entrou por aqui.

MANUEL

Quem vem lá?

AUGUSTO

O que é isto, senhores?

JOÃO

Oh, cá está o velho! Senhor, pus em execução a ordem de prisão que me deste contra o falsificador; prendi-o e levava-o para cadeia, quando de caminho fugiu. Mas creio que veio para aqui.

FLORÊNCIO

E não vos enganais... Senhores, quinhentos mil-réis prometi eu a este senhor oficial de justiça para prender o indivíduo que ali se acha.

TODOS

Ali?

FLORÊNCIO

Sim. E agora acrescentarei: o primeiro que lhe botar a mão em cima tem um conto de réis.

TODOS

Um conto?

FLORÊNCIO

Sim. E todo aquele que o ajudar depois, terá cinqüenta mil-réis.

TODOS

Eu é que hei de ganhar o conto! Vamos, vamos! (*João, José, Chem-Chem e jogadores dirigem-se de tropel para a porta*)

JOÃO

Está fechada.

VOZES

Arromba! Arromba! (*arrombam a porta e saem todos de tropel, empurrando-se uns aos outros*)

Cena última

FLORÊNCIO, AUGUSTO, JÚLIA, MANUEL *e* MARIA

MARIA

(*para Manuel*)

E tu, não queres ganhar o conto?

MANUEL

Hei de ganhar como um gato. (*agacha-se junto à porta, como um gato que espera a presa*)

FLORÊNCIO

(*para Augusto*)

Meu caro amigo, como vos hei de eu pagar este serviço?

AUGUSTO

Senhor!

FLORÊNCIO

Filha, filha, estás salva, mas desgraçada! Quem, sabendo do ocorrido, te quererá por esposa?

AUGUSTO

Aquele que conhece sua inocência. Eu, senhor.

JÚLIA

Augusto!

FLORÊNCIO

Mancebo generoso, salvaste-a de um abismo! É bem que ela te pertença. Filha, é teu pai quem te pede.

JÚLIA

E a gratidão que ordena.

AUGUSTO

Somente a gratidão?

JÚLIA

(estendendo-lhe a mão)

À gratidão segue-se amor.

AUGUSTO

(beijando-lhe a mão)

Feliz de mim.

VOZES

(dentro)

Pega, pega! *(Fróis entra de roldão, como querendo fugir de quem o persegue. Manuel, que está à porta agachado, salta sobre ele e é levado quase de rastos até o meio da cena, onde caem ambos e rolam. José, João, Chem-Chem e os jogadores entram em cena em seguimento de Fróis, gritando. Vendo-o no chão com Manuel, caem todos sobre ele, como querendo cada um ser o primeiro em prendê-lo. Rolam todos pelo chão, gritando. Vozes)* Fui eu que ganhei! Fui eu! O primeiro fui eu! Foi! Não foi! Ganhei! Ganhei! O conto é meu! *(etc.)*

FRÓIS

(*debaixo do homem*)

Ai, ai, que morro! Ai, ai, socorro! (*Júlia e Maria fogem para a extremidade da direita. Florêncio e Augusto dirigem-se para os homens que rolam pelo chão*)

FLORÊNCIO

Basta, basta, não o matem! (*etc.*)

AUGUSTO

(*ao mesmo tempo*)

Senhores, olhem que assim o matam! (*etc.*) (*levantam-se todos, segurando em Fróis do modo que puderem; qual pelos braços, qual pelas pernas, casaca, etc.*)

FLORÊNCIO

Enfim, senhor, estás preso!

TODOS

(*em confusão e gritando*)

Fui eu o primeiro que o prendi! Fui eu o primeiro! Fui eu!

MANUEL

(*com força*)

Psiu! Não atrapalhem a Justiça. Fui eu o primeiro.

MARIA

Vossa Senhoria bem viu que foi ele o primeiro.

FLORÊNCIO

Bem sei. (*para Manuel*) Tereis o conto de réis e cada um dos senhores cinqüenta mil-réis. E tu (*para Fróis*), homem perdido e sem honra, vê na sua felicidade (*apontando para Augusto e Júlia que estão juntos*) o teu primeiro castigo. (*para os homens*) Levai-o!

TODOS

Vamos! Vamos!

FLORÊNCIO

Meus filhos! (*abraçando-os*)

JÚLIA

(*ao mesmo tempo*)

Meu pai!

AUGUSTO

(*ao mesmo tempo*)

Meu pai!

MARIA

(*ao mesmo tempo, abraçando Manuel*)

Que felicidade!

MANUEL

(*abraçando Maria*)

Um conto de réis!

FIM

QUEM CASA, QUER CASA

Provérbio em 1 ato

[1845]

PERSONAGENS

NICOLAU, *marido de*
FABIANA, *mãe de*
OLAIA *e*
SABINO
ANSELMO, *pai de*
EDUARDO, *irmão de*
PAULINA
DOIS MENINOS E UM HOMEM

A cena passa-se no Rio de Janeiro,
no ano de 1845.

ATO ÚNICO

(*Sala com uma porta no fundo, duas à direita e duas à esquerda; uma mesa com o que é necessário para escrever-se, cadeiras, etc.*)

Cena I

PAULINA *e* FABIANA. PAULINA *junto à porta da esquerda e* FABIANA *no meio da sala mostram-se enfurecidas.*

PAULINA
(*batendo o pé*)
Hei de mandar!...

FABIANA
(*no mesmo*)
Não há de mandar!...

PAULINA
(*no mesmo*)
Hei de e hei de mandar!...

FABIANA

Não há de e não há de mandar!...

PAULINA

Eu lho mostrarei. (*sai*)

FABIANA

Ai que estalo! Isto assim não vai longe... Duas senhoras a mandarem em uma casa... é o inferno! Duas senhoras? A senhora aqui sou eu; esta casa é de meu marido, e ela deve obedecer-me, porque é minha nora. Quer também dar ordens; isso veremos...

PAULINA

(*aparecendo à porta*)

Hei de mandar e hei de mandar, tenho dito! (*sai*)

FABIANA

(*arrepelando-se de raiva*)

Hum! Ora, eis aí está para que se casou meu filho, e trouxe a mulher para a minha casa. É isto constantemente. Não sabe o senhor meu filho que quem casa quer casa... Já não posso, não posso, não posso! (*batendo com o pé*) Um dia arrebento, e então veremos! (*tocam dentro rabeca*) Ai, que lá está o outro com a maldita rabeca... É o que se vê: casa-se meu filho e traz a mulher para minha casa... É uma desavergonhada, que se não pode aturar. Casa-se minha filha, e vem seu marido da mesma sorte morar comigo... É um preguiçoso, um indolente, que para nada serve. Depois que ouviu no teatro tocar rabeca, deu-lhe a mania para aí, e leva todo o santo dia – *vum, vum, vim, vim!* Já tenho a alma esfalfada. (*gritando para a direita*) Ó homem, não deixarás essa maldita sanfona? Nada! (*chamando*) Olaia! (*gritando*) Olaia!

Cena II

OLAIA *e* FABIANA

OLAIA
(*entrando pela direita*)

Minha mãe?

FABIANA

Não dirás a teu marido que deixe de atormentar-me os ouvidos com essa infernal rabecada?

OLAIA

Deixar ele a rabeca? A mamãe bem sabe que é impossível!

FABIANA

Impossível? Muito bem!...

OLAIA

Apenas levantou-se hoje da cama, enfiou as calças e pegou na rabeca – nem penteou os cabelos. Pôs uma folha de música diante de si, a que ele chama seu *Tremolo* de Bériot, e agora verás – *zás, zás!* (*fazendo o movimento com os braços*) Com os olhos esbugalhados sobre a música, os cabelos arrepiados, o suor a correr em bagas pela testa e o braço num vaivém que causa vertigens!

FABIANA

Que casa de Orates é esta minha, que casa de Gonçalo!

OLAIA

Ainda não almoçou, e creio que também não jantará. Não ouve como toca?

FABIANA

Olaia, minha filha, tua mãe não resiste muito tempo a este modo de viver...

OLAIA

Se estivesse em minhas mãos remediá-lo...

FABIANA

Que podes tu? Teu irmão casou-se, e como não teve posses para botar uma casa, trouxe a mulher para a minha. (*apontando*) Ali está para meu tormento. O irmão dessa desavergonhada vinha visitá-la freqüentemente; tu o viste, namoricaste-o, e por fim de contas casaste-te com ele... E caiu tudo em minhas costas! Irra, que arreio com a carga! Faço como os camelos...

OLAIA

Minha mãe!

FABIANA

Ela, (*apontando*) uma atrevida que quer mandar tanto ou mais do que eu; ele, (*apontando*) um mandrião romano, que só cuida em tocar rabeca, e nada de ganhar a vida; tu, uma pateta, incapaz de dares um conselho à boa jóia de teu marido.

OLAIA

Ele gritaria comigo...

FABIANA

Pois grita tu mais do que ele, que é o meio das mulheres se fazerem ouvir. Qual histórias! É que tu és uma maricas. Teu irmão, casado com aquele demônio, não tem forças para resistir à sua língua e gênio; meu marido, que como dono da casa podia dar cobro nestas coisas, não cuida senão da carolice: sermões, terços, procissões, festas, e o mais disse, e sua casa que ande ao Deus dará... E eu que pague as favas! Nada, nada, isto assim não vai bem; há de ter um termo... Ah!

Cena III

EDUARDO *e as ditas.* EDUARDO, *na direita baixa, entra em mangas de camisa, cabelos grandes muito embaraçados, chinelas, trazendo a rabeca.*

EDUARDO

(*da porta*)

Olaia, vem voltar a música.

FABIANA

Psiu, psiu, venha cá!

EDUARDO

Estou muito ocupado. Vem voltar a música.

FABIANA

(*chegando-se para ele e tomando-o pela mão*)

Fale primeiro comigo. Tenho muito que lhe dizer.

EDUARDO

Pois depressa, que me não quero esquecer da passagem que tanto me custou a estudar. Que música, que *tremolo*! Grande Bériot!

FABIANA

Deixemo-nos agora de Berliós e tremidos, e ouça-me.

EDUARDO

Espere, espere; quero que aplauda e goze um momento do que é bom e sublime; assentem-se. (*obriga-as a sentarem-se e toca rabeca, tirando sons extravagantes, imitando o* Tremolo)

FABIANA

(*levantando-se enquanto ele toca*)

E então? Pior, pior! Não deixará esta infernal rabeca? Deixe, homem! Ai, ai!

OLAIA

(*ao mesmo tempo*)

Eduardo, Eduardo, deixa-te agora disso. Não vês que a mamãe se aflige. Larga o arco. (*pega na mão do arco e forceja para o tirar*)

FABIANA

Larga a rabeca! Larga a rabeca! (*pegando na rabeca e forcejando*)

Eduardo

(*resistindo e tocando entusiasmado*)

Deixem-me, deixem-me acabar, mulheres, que a inspiração me arrebata... Ah... ah... (*dá com o braço do arco nos peitos de Olaia e com o da rabeca nos queixos de Fabiana, isto tocando com furor*)

Olaia

Ai, meu estômago!

Fabiana

(*ao mesmo tempo*)

Ai, meus queixos!

Eduardo

(*tocando sempre com entusiasmo*)

Sublime! Sublime! Bravo! Bravo!

Fabiana

(*batendo o pé, raivosa*)

Irra!

Eduardo

(*deixando de tocar*)

Acabou-se. Agora pode falar.

Fabiana

Pois agora ouvirá, que estou cheia até aqui... Decididamente já não o posso nem quero aturar.

Olaia

Minha mãe!

EDUARDO

Não?

FABIANA

Não e não senhor. Há um ano que o senhor casou-se com minha filha e ainda está às minhas costas. A carga já pesa! Em vez de gastar as horas tocando rabeca, procure um emprego, alugue uma casa e, fora daqui com sua mulher! Já não posso com as intrigas e desavenças em que vivo, depois que moramos juntos. É um inferno! Procure casa, procure casa... Procure casa!

EDUARDO

Agora, deixe-me também falar... Recorda-se do que lhe dizia eu quando se tratou do meu casamento com sua filha?

OLAIA

Eduardo!...

EDUARDO

Não se recorda?

FABIANA

Não me recordo de nada... Procure casa. Procure casa!

EDUARDO

Sempre é bom que se recorde... Dizia eu que não podia casar-me por faltarem-me os meios de pôr casa e sustentar família. E o que respondeu-me a senhora a esta objeção?

FABIANA

Não sei.

EDUARDO

Pois eu lhe digo: respondeu-me que isso não fosse a dúvida, que em quanto à casa podíamos ficar morando aqui juntos, e que onde comiam duas pessoas, bem podiam comer quatro. Enfim, aplainou todas as dificuldades... Mas então queria a senhora pilhar-me para marido de sua filha... Tudo se facilitou; tratava-me nas palmas das mãos. Agora que me pilhou feito marido, grita: Procure casa! Procure casa! Mas eu agora é que não estou para aturá-la; não saio daqui. (*assenta-se com resolução numa cadeira e toca rabeca com raiva*)

FABIANA

(*indo para ele*)

Desavergonhado! Malcriado!

OLAIA

(*no meio deles*)

Minha mãe!

FABIANA

Deixa-me arrancar os olhos a este traste!

OLAIA

Tenha prudência! Eduardo, vai-te embora.

EDUARDO

(*levanta-se enfurecido, bate o pé e grita*)

Irra! (*Fabiana e Olaia recuam, espavoridas. Indo para Fabiana*) Bruxa! Vampiro! Sanguessuga da minha paciência! Ora, quem diabo havia dizer-me que esta velha se tornaria assim!

FABIANA

Velha, maroto, velha?

EDUARDO

Antes de pilhar-me para marido da filha, eram tudo mimos e carinhos. (*arremedando*) Sr. Eduardinho, o senhor é muito bom moço... Há de ser um excelente marido... Feliz daquela que o gozar... ditosa mãe que o tiver por genro... Agora escoiceia-me, e descompõe... Ah, mães, mães, espertalhonas! Que lamúrias para empurrarem as filhas! Estas mães são mesmo umas ratoeiras... Ah, se eu te conhecesse!...

FABIANA

Se eu também te conhecesse, havia de dar-te um...

EDUARDO

Quer dançar a polca?

FABIANA

(*desesperada*)

Olhe que me perco...

OLAIA

Minha mãe...

EDUARDO

(*vai saindo, cantando e dançando a polca*)

Tra la la la, ri la ra ta... (*etc., etc.*)

FABIANA

(*querendo ir a ele e retida por Olaia*)

Espera, maluco de uma figa...

OLAIA

Minha mãe, tranqüilize-se, não faça caso.

FABIANA

Que te hei de fazer o *tremolo* e a polca com os olhos fora da cara!

EDUARDO

(*chegando à porta*)

Olaia, vem voltar a música...

FABIANA

(*retendo-a*)

Não quero que vá lá...

EDUARDO

(*gritando*)

Vem voltar a música...

FABIANA

Não vai!

EDUARDO

(*gritando e acompanhando com a rabeca*)

Vem voltar a música!

FABIANA

(*empurrando-a*)

Vai-te com o diabo!

EDUARDO

Vem comigo. (*vai-se com Olaia*)

Cena IV

FABIANA

(*só*)

FABIANA

Oh, é preciso tomar uma resolução... Escreva-se. (*senta-se, escreve ditando*) "Ilmo. Sr. Anselmo Gomes. Seu filho e sua filha são duas pessoas muito malcriadas. Se o senhor hoje mesmo não procura casa para que eles se mudem da minha, leva tudo a breca. Sua criada, Fabiana da Costa." (*falando*) Quero ver o que ele responde-me a isto. (*fecha a carta e chama*) João? Também este espertalhão do Sr. Anselmo, o que quis foi empurrar a filha e o filho de casa; e os mais que carreguem... Estou cansada; já não posso. Agora agüente ele. (*chamando*) João?

PAJEM

(*entrando*)

Minha senhora...

FABIANA

Vai levar esta carta ao Sr. Anselmo. Sabes? É o pai do Sr. Eduardo.

PAJEM

Sei, minha senhora.

FABIANA

Pois vai depressa. (*Pajem vai-se*) Estou resolvida a desbaratar...

Cena V

Entra NICOLAU *de hábito de irmão terceiro, seguido de um homem com uma trouxa embaixo do braço.*

NICOLAU

(*para o homem*)

Entre, entre... (*seguindo para a porta da direita*)

FABIANA

(*retendo-o*)

Espere, tenho que lhe falar.

NICOLAU

Guarda isso para logo; agora tenho muita pressa. O senhor é o armador que vem vestir os nossos dois pequenos para a procissão de hoje.

FABIANA

Isso tem tempo.

NICOLAU

Qual tempo! Eu já volto.

FABIANA

(*raivosa*)

Hás de ouvir-me!

NICOLAU

O caso não vai de zangar... Ouvir-te-ei, já que gritas. Sr. Bernardo, tenha a bondade de esperar um momento. Vamos lá, o que queres? E em duas palavras, se for possível.

FABIANA

Em duas palavras? Aí vai: já não posso aturar meu genro e minha nora!

NICOLAU

Ora mulher, isso é cantiga velha.

FABIANA

Cantiga velha? Pois olhe: se não procura casa para eles nestes dois dias, ponho-os pela porta fora.

NICOLAU

Pois eu tenho lá tempo de procurar casa?

FABIANA

Oh, também o senhor não tem tempo para coisa alguma... Todos os seus negócios vão por água abaixo. Há quinze dias perdemos uma demanda por seu desleixo; sua casa é uma casa de Orates, filhos para uma banda, mulher para outra, tudo a brigar, tudo em confusão... e tudo em um inferno! E o que faz o senhor no meio de toda essa desordem? Só cuida na carolice...

NICOLAU

Faço muito bem, porque sirvo a Deus.

FABIANA

Meu caro, a carolice, como tu a praticas, é um excesso de devoção, assim como a hipocrisia o é da religião. E todo o excesso é um vício...

NICOLAU

Mulher, não blasfemes!

FABIANA

Julgas tu que nos atos exteriores é que está a religião? E que um homem, só por andar de hábito há de ser remido de seus pecados?

NICOLAU

Cala-te...

FABIANA

E que Deus agradece ao homem que não cura dos interesses de sua família e da educação de seus filhos, só para andar de tocha na mão?

NICOLAU

Nem mais uma palavra! Nem mais uma palavra!

FABIANA

É nossa obrigação, é nosso mais sagrado dever servir a Deus e contribuirmos para a pompa de seus mistérios, mas também é nosso dever, é nossa obrigação sermos bons pais de família, bons maridos, doutrinar os filhos no verdadeiro temor de Deus... É isto que tu fazes? Que cuidado tens da paz de tua família? Nenhum. Que educação dás a teus filhos? Leva-os à procissão feito anjinhos e contentas-te com isso. Sabem eles o que é uma procissão e que papel vão representar? Vão como crianças; o que querem é o cartucho de amêndoas...

NICOLAU

Oh, estás com o diabo na língua! Arreda!

FABIANA

O sentimento religioso está na alma, e esse transpira nas menores ações da vida. Eu, com este meu vestido, posso ser mais religiosa do que tu com este hábito.

NICOLAU

(*querendo tapar-lhe a boca*)

Cala-te, blasfema!... (*seguindo-a*)

FABIANA

O hábito não faz o monge. (*fugindo dele*) Ele é, muitas vezes, capa de espertalhões que querem iludir ao público; de hipócritas que se servem da religião como de um meio; de mandriões que querem fugir a uma ocupação e de velhacos que comem das irmandades...

NICOLAU

Cala-te, que aí vem um raio sobre nós! Ousas dizer que somos velhacos?

FABIANA

Não falo de ti nem de todos; falo de alguns.

NICOLAU

Não quero mais ouvir-te, não quero! Venha, senhor. (*vai-se com o homem*)

FABIANA

(*seguindo-o*)

Agora tomei-te eu à minha conta; hás de ouvir-me até que te emendes!

Cena VI

Entra SABINO, *e a dita que está em cena.*
(SABINO *é extremamente gago, o que o obriga a fazer contorsões quando fala*)

SABINO

(*entrando*)

O que é isto, minha mãe?

FABIANA

Vem tu também cá, que temos que falar.

SABINO

O que aconteceu?

FABIANA

O que aconteceu? Não é novo para ti... Desaforos dela...

SABINO

De Paulina?

FABIANA

Sim. Agora o que acontecerá é que eu te quero dizer. Tua bela mulher é uma desavergonhada!

SABINO

Sim senhora, é; mas minha mãe, às vezes, é que bole com ela.

FABIANA

Ora, eis aí está! Ainda a defende contra mim!

SABINO

Não defendo; digo o que é.

FABIANA

(*arremedando*)

O que é... Gago de uma figa!

SABINO

(*furioso*)

Ga... ga... ga... ga... (*fica sufocado, sem poder falar*)

FABIANA

Ai, que arrebenta! Canta, canta, rapaz; fala cantando, que só assim te sairão as palavras.

SABINO

(*cantando no tom de muquirão*)

Se eu sou gago... se eu sou gago... foi foi Deus que assim me fez... eu não tenho culpa disso... para assim me descompor...

FABIANA

Quem te descompõe? Estou falando de tua mulher, que traz esta casa em uma desordem...

SABINO

(*no mesmo*)

Todos, todos, nesta casa... têm culpa, têm culpa nisso... Minha mãe quer só mandar... e Paulina tem mau gênio... Se Paulina, se Paulina... fosse fosse mais poupada... tantas brigas não haviam (sic)... viveriam mais tranqüilas...

FABIANA

Mas ela é uma desavergonhada, que vem muito de propósito contrariar-me no governo da casa.

SABINO

(*no mesmo*)

Que ela, que ela é desaver... desavergonhada... eu bem sei, sei muito bem... e cá sinto, e cá sinto... mas em aten... em aten... em atenção a mim... minha mãe... minha mãe devia ceder...

FABIANA

Ceder, eu? Quando ela não tem a menor atenção comigo? Hoje nem bons-dias me deu.

SABINO

(*gago somente*)

Vou fazer com que ela venha... com que ela venha pedir perdão... e dizer-lhe que isto assim... que isto assim não me convém... e se ela, se ela persistir... vai tudo raso... com com pancadaria...

FABIANA

Ainda bem que tomaste uma resolução.

Cena VII

NICOLAU *e os ditos*

NICOLAU

Ó senhora?

FABIANA

O que me quer?

NICOLAU

Oh, já chegaste, Sabino? As flores de cera para os tocheiros?

SABINO

(*gago*)

Ficaram prontas e já foram para a igreja.

NICOLAU

Muito bem; agora vai vestir o hábito, que são horas de sairmos. Vai, anda.

SABINO

Sim senhor. (*a Fabiana*) Vou ordenar que lhe venha pedir perdão e fazer as pazes. (*vai-se*)

Cena VIII

NICOLAU *e* FABIANA

NICOLAU

Os teus brincos de brilhantes e os teus adereços, para nossos filhos levarem? Quero que sejam os anjinhos mais ricos... Que glória para mim! Que inveja terão!

FABIANA

Homem, estão lá na gaveta. Tire tudo quanto quiser, mas deixe-me a paciência...

NICOLAU

Verás que anjinhos asseados e ricos! (*chamando*) Ó Eduardo? Eduardo? Meu genro?

EDUARDO
(*dentro*)

Que é lá?

NICOLAU

Olha que são horas. Veste-te depressa, que a procissão não tarda a sair.

EDUARDO
(*dentro*)

Sim senhor.

FABIANA

Ainda a mania deste é inocente... Assim tratasse ele da família.

NICOLAU

Verás, mulher, verás que guapos ficam nossos filhinhos... Tu não os irás ver passar?

FABIANA

Sai de casa quem a tem em paz. (*ouve-se dobrar os sinos*)

NICOLAU

É o primeiro sinal! Sabino, anda depressa! Eduardo? Eduardo?

EDUARDO

(*dentro*)

Sim senhor.

SABINO

(*dentro*)

Já vou, senhor.

NICOLAU

Já lá vai o primeiro sinal! Depressa, que já saiu... Sabino? Sabino? Anda, filho... (*correndo para dentro*) Ah, senhor Bernardo, vista os pequenos... Ande, ande! Jesus, chegarei tarde! (*vai-se*)

Cena IX

FABIANA *e depois* PAULINA

FABIANA

É o que se vê... Deus lhe dê um zelo mais esclarecido...

PAULINA

(*entrando e à parte*)

Bem me custa...

FABIANA

(*vendo-a e à parte*)

Oh, a desavergonhada de minha nora!

PAULINA

(*à parte*)

Em vez de conciliar-me, tenho vontade de dar-lhe uma descompostura.

FABIANA

(*à parte*)

Olhem aquilo! Não sei por que não a descomponho já!

PAULINA

(*à parte*)

Mas é preciso fazer a vontade a meu marido...

FABIANA

(*à parte*)

Se não fosse por amor da paz... (*alto*) Tem alguma coisa que dizer-me?

PAULINA

(*à parte*)

Maldita suçuarana! (*alto*) Sim senhora, e a rogos de meu marido é que aqui estou.

FABIANA

Ah, foram a rogos seus? O que lhe rogou ele?

PAULINA

Que era tempo de se acabarem essas desavenças em que andamos...

FABIANA

Mais que tempo...

PAULINA

E eu dei-lhe a minha palavra que faria todo o possível para de hoje em diante vivermos em paz... e que principiaria por pedir-lhe perdão, como faço, dos agravos que de mim tem...

FABIANA

Quisera Deus que assim tivesse sido desde princípio! E acredite, menina, que prezo muito a paz doméstica, e que minha maior satisfação é viver bem com vocês todos.

PAULINA

De hoje em diante espero que assim será. Não levantarei a voz nesta casa sem vosso consentimento. Não darei uma ordem sem vossa permissão... Enfim, serei uma filha obediente e submissa.

FABIANA

Só assim poderemos viver juntos. Dá cá um abraço. (*abraça-a*) És uma boa rapariga... Tens um bocadinho de gênio; mas quem não o tem?

PAULINA

Hei de moderá-lo...

FABIANA

Olha, minha filha, e não tornes a culpa a mim. É impossível haver em uma casa mais de uma senhora. Havendo, é tudo uma confusão...

PAULINA

Tem razão. E quando acontece haver duas, toca à mais velha o governar.

FABIANA

Assim é.

PAULINA

A mais velha tem sempre mais experiência...

FABIANA

Que dúvida!

PAULINA

A mais velha sabe o que convém...

FABIANA

Decerto.

PAULINA

A mais velha conhece as necessidades...

FABIANA

(*à parte*)

A mais velha!...

PAULINA

(*com intenção*)

A mais velha deve ter mais juízo...

FABIANA

A mais velha, a mais velha... Que modo de falar é esse?

PAULINA

(*no mesmo*)

Digo que a mais velha...

FABIANA
(*desbaratando*)
Desavergonhada! A mim, velha!...

PAULINA
(*com escárnio*)
Pois então?

FABIANA
(*desesperada*)
Salta daqui! Salta!

PAULINA
Não quero, não recebo ordens de ninguém.

FABIANA
Ai, ai, que estalo! Assim insultar-me, este belisco!

PAULINA
Esta coruja!

FABIANA
(*no maior desespero*)
Sai, sai de o pé de mim, que minhas mãos já comem!

PAULINA
Não faço caso...

FABIANA
Atrevida, malcriada! Desarranjada! Peste! Mirrada! Estupor! Linguaruda! Insolente! Desavergonhada!

PAULINA

(ao mesmo tempo)

Velha, tartaruga, coruja, arca de Noé! Antigualha! Múmia! Centopéia! Pergaminho! Velhusca, velha, velha! *(Fabiana e Paulina acabam gritando ao mesmo tempo, chegando-se uma para a outra; finalmente agarram-se. Nisto acode Sabino, em mangas de camisa, e com o hábito na mão)*

Cena X

As ditas, SABINO, OLAIA *e* EDUARDO. SABINO *entra,* EDUARDO *e* OLAIA *o seguem.*

SABINO

(vendo-as agarradas)

Que diabo é isto? *(puxa pela mulher)*

OLAIA

(ao mesmo tempo)

Minha mãe! *(puxando-a)*

FABIANA

(ao mesmo tempo)

Deixa-me! Desavergonhada!

PAULINA

(ao mesmo tempo)

Larga-me! Velha! Velha! *(Sabino, não podendo tirar a mulher, lança-lhe o hábito pela cabeça e a vai puxando à força até a porta do quarto; e depois de a empurrar para dentro, fecha a porta a chave. Fabiana quer seguir Paulina)*

OLAIA

(*retendo a mãe*)

Minha mãe! Minha mãe!

EDUARDO

(*puxando Olaia pelo braço*)

Deixa-as lá brigar. Vem dar-me o hábito.

OLAIA

Minha mãe!

EDUARDO

Vem dar-me o hábito! (*arranca Olaia com violência de junto de Fabiana e a vai levando para dentro, e sai*)

FABIANA

(*vendo Sabino fechar Paulina e sair*)

É um inferno! É um inferno!

SABINO

(*seguindo-a*)

Minha mãe! (*Fabiana segue para dentro*)

NICOLAU

(*entrando*)

O que é isto?

FABIANA

(*sem atender, seguindo*)

É um inferno! É um inferno!

NICOLAU

(*seguindo-a*)

Senhora! (*vão-se*)

Cena XI

SABINO *e depois* PAULINA

SABINO

Isto assim não pode ser! Não me serve; já não posso com minha mulher!

PAULINA

(*entrando pela segunda porta, esquerda*)

Onde está esta velha? (*Sabino, vendo a mulher, corre para o quarto e fecha a porta.*) Ah, corres? (*segue-o e esbarra na porta que ele fecha*) Deixa estar, que temos também que conversar... Pensam que hão de me levar assim? Enganam-se. Por bons modos, tudo... Mas à força... Ah, será bonito quem o conseguir!

OLAIA

(*entra chorando*)

Vou contar a minha mãe!

PAULINA

Psiu! Venha cá; também temos contas que ajustar. (*Olaia vai seguindo para a segunda porta da direita.*) Fale quando se lhe fala, não seja malcriada!

OLAIA

(*na porta, voltando-se*)

Malcrida será ela... (*vai-se*)

PAULINA

Hem?

Cena XII

EDUARDO, *de hábito, trazendo a rabeca, e a dita.*

EDUARDO

Paulina, que é de Olaia?

PAULINA

Lá vai para dentro choramingando, contar não sei o quê à mãe.

EDUARDO

Paulina, minha irmã, este modo de viver que levamos já não me agrada.

PAULINA

Nem a mim.

EDUARDO

Nossa sogra é uma velha de todos os mil diabos. Leva desde pela manhã até à noite a gritar... O que me admira é que ainda não estourasse pelas goelas... Nosso sogro é um pacóvio, um banana, que não cuida senão em acompanhar procissões. Não lhe tirem a tocha da mão, que está satisfeitíssimo... Teu marido é um ga... ga... ga... ga... que quando fala faz-me arrelia, sangue pisado. E o diabo que o ature, agora que deu-lhe em falar cantando... Minha mulher tem aqueles olhos que parecem fonte perene... Por dá cá aquela palha, aí vêm as lágrimas aos punhos. E logo atrás: *Vou contar à minha mãe...* E no meio de toda esta matinada não tenho tempo de estudar um só instante que seja, tranqüilamente, a minha rabeca. E tu também fazes sofrivelmente teu pé de cantiga na algazarra desta casa.

PAULINA

E tu, não? Pois olha esta tua infernal rabeca!

EDUARDO

Infernal rabeca! Paulina, não fales mal da minha rabeca; senão perco-te o amor de irmão. Infernal! Sabes tu o que dizes? O rei dos instrumentos, infernal!

PAULINA

(*rindo*)

A rabeca deve ser rainha...

EDUARDO

Rei e rainha, tudo. Ah, desde a noite em que pela primeira vez ouvi no Teatro de S. Pedro de Alcântara os seus harmoniosos, fantásticos, salpicados e repinicados sons, senti-me outro. Conheci que tinha vindo ao mundo para artista rabequista. Comprei uma rabeca – esta que aqui vês. Disse-me o belchior que a vendeu, que foi de Paganini. Estudei, estudei... Estudo, estudo...

PAULINA

E nós o pagamos.

EDUARDO

Oh, mas tenho feito progressos estupendíssimos! Já toco o *Tremolo* de Bériot... Estou agora compondo um tremulório e tenho em vista compor um tremendíssimo *tremolo*.

PAULINA

O que aí vai!...

EDUARDO

Verás, hei de ser insigne! Viajarei por toda a Europa, África e Ásia; tocarei diante de todos os soberanos e figurões da época, e quando de lá voltar trarei este peito coberto de grã-cruzes, comendas, hábitos, etc., etc. Oh, por lá é que se recompensa o verdeiro mérito... Aqui, julgam que fazem tudo pagando com dinheiro. Dinheiro! Quem faz caso de dinheiro?

PAULINA

Todos. E para ganhá-lo é que os artistas cá vêm.

EDUARDO

Paulina, o artista quando vem ao Brasil, digo, quando se digna vir ao Brasil, é por compaixão que tem do estado de embrutecimento em que vivemos, e não por um cálculo vil e interesseiro. Se lhe pagam, recebe, e faz muito bem; são princípios da arte...

PAULINA

E depois das algibeiras cheias, safa-se para as suas terras, e comendo o dinheiro que ganhara no Brasil, fala mal dele e de seus filhos.

EDUARDO

Também isso são princípios de arte...

PAULINA

Qual arte?

EDUARDO

A do Padre Antônio Vieira... Sabes quem foi esse?

PAULINA

Não.

EDUARDO

Foi um grande mestre da rabeca... Mas ai, que estou a parolar contigo, deixando a trovoada engrossar. Minha mulher está lá dentro com a mãe, e os mexericos fervem... Não tarda muito que as veja em cima de mim. Só tu podes desviar a tempestade e dar-me tempo para acabar de compor o meu tremulório.

PAULINA

E como?

EDUARDO

Vai lá dentro e vê se persuade a minha mulher que não se queixe à mãe.

PAULINA

Minha cunhada não me ouve, e...

EDUARDO

(*empurrando-a*)

Ouvir-te-á, ouvir-te-á, ouvir-te-á. Anda, minha irmãzinha, faze-me este favor.

PAULINA

Vou fazer um sacrifício, e não...

EDUARDO

(*o mesmo*)

E eu te agradecerei. Vai, vai...

Cena XIII

EDUARDO
(*só*)

Muito bem! Agora que o meu parlamentário vai assinar o tratado de paz, assentemo-nos e estudemos um pouco. (*assenta-se*) O homem de verdadeiro talento não deve ser imitador; a imitação mata a originalidade e nessa é que está a transcendência e especialidade do indivíduo. Bériot, Paganini, Bassini e Charlatinini muito inventaram, foram homens especiais e únicos na sua individualidade. Eu também quis inventar, quis ser único, quis ser apontado a dedo... Uns tocam com o arco... (*N.B.: Deve fazer os movimentos, segundo os vai mencionando*) Isto veio dos primeiros inventores; outros tocam com as costas do arco... ou com uma varinha... Este imita o canto dos passarinhos... zurra como burro... e repinica cordas... Aquele toca abaixo do cavalete, toca em cima no braço... e saca-lhe sons tão tristes e lamentosos capazes de fazer chorar um bacalhau... Estoutro arrebenta três cordas e toca só com uma, e creio mesmo que será capaz de arrebentar as quatro e tocar em seco... Inimitável instrumentinho, por quantas modificações e glórias não tens passado? Tudo se tem feito de ti, tudo. Tudo? (*levantando-se estusiasmado*) Tudo não; a arte não tem limites para o homem de talento criador... Ou eu havia de inventar um meio novo, novíssimo de tocar rabeca, ou havia de morrer... Que dias passei sem comer e beber; que noites sem dormir! Depois de muito pensar e cismar, lembrei-me de tocar nas costas da rabeca... Tempo perdido, não se ouvia nada. Quase enlouqueci. Pus-me de novo a pensar... Pensei... cismei... parafusei... parafusei... pensei... pensei... Dias, semanas e meses... Mas enfim, ah, idéia luminosa penetrou este cansado cérebro e então reputei-me inventor original, como o mais pintado! Que digo? Mais do que qualquer deles... Até agora esses aprendizes de rabeca desde Saëns até Paganini, coitados, têm inventado somente modificações do modo primitivo: arco para aqui ou para ali... Eu, não, inventei um modo novo, estupendo e desusado: eles tocam rabeca com o arco, e eu toco a rabeca no arco – eis a minha descoberta! (*toma o arco na mão esquerda, pondo-o na posição da rabeca; pega nesta com a direita e a corre sobre o arco*) É esta a invenção que há de cobrir-me de glória e nomeada e levar meu nome à imortalidade... Ditoso Eduardo! Grande homem! Insigne artista!

Cena XIV

FABIANA *e os ditos*

FABIANA

(*falando para dentro*)

Verás como o ensino! (*vendo Eduardo*) Oh, muito estimo encontrá-lo.

EDUARDO

Ai, que não me deixam estudar!

FABIANA

Pois você, sô mandrião, rebequista das dúzias, tem o atrevimento de insultar e espancar minha...

EDUARDO

Então acha a senhora que uma arcada nos dedos é espancar?

FABIANA

E por que deu-lhe o senhor com o arco nos dedos?

EDUARDO

Porque não voltou a música a tempo, fazendo-me assim perder dois compassos... Dois compassos de Bériot!

FABIANA

Pois se os perdeu, anunciasse pelos jornais e prometesse alvíssaras, que eu havia dá-las, mas havia de ser a quem te achasse o juízo, cabeça de avelã! Ora, que estafermo este! Não me dirão para que serve semelhante figura? Ah, se eu fosse homem havia de tocar com esse arco, mas havia ser no espinhaço; e essa rabeca havia de a fazer em estilhas nessa cabeça desmiolada... Não arregale os olhos que não me mete medo.

EDUARDO

(*enquanto Fabiana fala, vai-se chegando para junto dela e lhe diz na cara, com força*)

Velha! (*volta, quer entrar no seu quarto*)

FABIANA

Mariola! (*segura-lhe no hábito. Eduardo dá com o arco nos dedos de Fabiana. Vai-se. Fabiana, largando o hábito*) Ai, que me quebrou os dedos!

Cena XV

Entra Olaia *e após ela* Paulina.

Olaia

Falta de educação será ela! (*encaminhando-se para o quarto*)

Paulina

Cala-me o bico!

Olaia

Bico terá ela, malcriada!

Fabiana

O que é isto? (*Olaia entra no quarto sem dar atenção*)

Paulina

Deixa estar, minha santinha de pau oco, que te hei de dar educação, já que tua mãe não te deu... (*entra no seu quarto*)

Fabiana

Psiu, como é isso?... (*vendo Paulina entrar no quarto*) Ah! (*chama*) Sabino! Sabino! Sabino!

Cena XVI

Sabino, *de hábito, e* Fabiana

Sabino

(*entrando*)

O que temos, minha mãe?

FABIANA

Tu és homem?

SABINO

Sim senhora, e prezo-me disso.

FABIANA

Que farias tu a quem insultasse tua mãe e espancasse uma irmã?

SABINO

Eu? Dava-lhe quatro canelões.

FABIANA

Só quatro?

SABINO

Darei mais, se for preciso.

FABIANA

Está bem, em tua mulher basta que só dês quatro.

SABINO

Em minha mulher? Eu não dou em mulheres...

FABIANA

Pois então vai dar em teu cunhado, que espancou a tua mãe e a tua irmã.

SABINO

Espancou-as?

FABIANA

Vê como tenho os dedos roxos, e ela também.

SABINO

Oh, há muito tempo que tenho vontade de lhe ir ao pêlo, cá por muitas razões... Chegou o dia...

FABIANA

Assim, meu filhinho da minha alma; dá-lhe uma boa sova! Ensina-lhe a ser bem-criado.

SABINO

Deixe-o comigo.

FABIANA

Quebra-lhe a rabeca nos queixos.

SABINO

Verá.

FABIANA

Anda, chama-o cá para esta sala, lá dentro o quarto é pequeno e quebraria os trastes, que não são dele... Rijo, que eu vou para dentro atiçar também teu pai... (*encaminha-se para o fundo, apressada*)

SABINO

(*principia a despir o hábito*)

Eu o ensinarei...

FABIANA

(*da porta*)

Não te esqueças de lhe quebrar a rabeca nos queixos...

Cena XVII

SABINO
(*só, continuando a tirar o hábito*)

Já é tempo; não posso aturar este meu cunhado! Dá conselhos à minha mulher; ri-se quando eu falo; maltrata minha mãe... Pagará tudo por junto... (*arregaçando as mangas da camisa*) Tratante! (*chega à porta do quarto de Eduardo*) Senhor meu cunhado?

EDUARDO
(*dentro*)

Que é lá?

SABINO

Faça o favor de vir cá fora.

Cena XVIII

EDUARDO *e* SABINO

EDUARDO
(*da porta*)

O que temos?

SABINO

Temos que conversar.

EDUARDO
(*gaguejando*)

Não sabe quanto estimo...

Sabino
(*muito gago e zangado*)
O senhor arremeda-me!

Eduardo
(*no mesmo*)
Não sou capaz...

Sabino
(*tão raivoso, que sufoca-se*)
Eu... eu... eu... eu...

Eduardo
(*falando direito*)
Não se engasgue, dê cá o caroço...

Sabino
(*fica tão sufocado, que para exprimir-se rompe a fala no tom da polca*)
Eu já... eu já não posso... por mais tempo me conter... hoje mesmo... hoje mesmo... leva tudo o diabo...

Eduardo
(*desata a rir*)
Ah, ah, ah!

Sabino
Pode rir-se, pode rir-se... sô patife, hei de ensiná-lo...

Eduardo
(*cantando como Sabino*)
Há de ensinar-me... mas há de ser... mas há de ser... mas há de ser a polca... (*dança*)

SABINO

Maroto! (*lança-se sobre Eduardo e atracam-se, gritando ambos: Maroto! Patife! Diabo! Gago! Eu te ensinarei! – Etc., etc.*)

Cena XIX

OLAIA *e* PAULINA

PAULINA

(*entrando*)

Que bulha é essa? Ah!

OLAIA

(*entrando*)

O que é... Ah! (*Paulina e Olaia vão apartar os dois que brigam.*) Eduardo! Eduardo! Meu irmão! Sabino! (*etc.*)

PAULINA

Sabino! Sabino! Meu irmão! Eduardo! (*Eduardo e Sabino continuam a brigar e a descomporem-se. Paulina, para Olaia*) Tu é que tens a culpa!

OLAIA

(*para Paulina*)

Tu é que tens!

PAULINA

(*o mesmo*)

Cala esse bico!

OLAIA
(*o mesmo*)

Não seja tola!

PAULINA
(*o mesmo*)

Mirrada!

OLAIA
(*o mesmo*)

Tísica! (*Paulina e Olaia atiram-se uma à outra e brigam à direita. Eduardo e Sabino, sempre brigando à esquerda*)

Cena XX

FABIANA *e os ditos*

FABIANA

Que bulha é esta? Ah! (*corre para as moças*) Então, o que é isto? Meninas! Meninas! (*procura apartá-las*)

Cena XXI

Entra NICOLAU *apressado, trazendo pela mão dois meninos vestidos de anjinhos.*

NICOLAU

O que é isto? Ah, a brigarem! (*larga os meninos e vai para os dois*) Sabino! Eduardo! Então?... Então, rapazes?...

FABIANA

(*indo a Nicolau*)

Isto são obras tuas! (*puxando pelo hábito*) Volta-te para cá; tu é que tens culpa...

NICOLAU

Deixa-me! Sabino!

FABIANA

Volta-te para cá... (*Nicolau dá com o pé para trás, alcança-a.*) Burro!... (*agarra-lhe nas goelas, o que o obriga a voltar-se e atracarem-se*)

OS DOIS ANJINHOS

Mamãe! Mamãe! (*agarram-se ambos a Fabiana; um deles empurra o outro, que deve cair; levanta-se e atraca-se com o que o empurra, e deste modo Fabiana, Nicolau, Sabino, Eduardo, Olaia, Paulina, 1.º e 2.º Anjinhos, todos brigam e fazem grande algazarra*)

Cena XXII

ANSELMO *e os ditos, brigando.*

ANSELMO

O que é isto? O que é isto? (*todos, vendo Anselmo, apartam-se*)

FABIANA

Oh, é o senhor? Muito estimo...

PAULINA *e* EDUARDO

Meu pai!

ANSELMO

Todos a brigarem!... (*todos se dirigem a Anselmo, querendo tomar a dianteira para falarem; cada um puxa para seu lado a reclamarem serem atendidos; falam todos ao mesmo tempo. Grande confusão, etc.*)

FABIANA

(*ao mesmo tempo*)

Muito estimo que viesse, devia ver com seus próprios olhos... o desaforo de seus filhos... Fazem desta casa um inferno! Eu já não posso; leve-os, leve-os, são dois demômios. Já não posso!

NICOLAU

(*ao mesmo tempo*)

Sabe o que mais? Carregue seus filhos daqui para fora; não me deixam servir a Deus... Isto é uma casa de Orates... Carregue-os, carregue-os, senão fazem-me perder a alma... Nem mais um instante...

SABINO

(*falando ao mesmo tempo no tom do miudinho*)

Se continuo a viver assim junto, faço uma morte. Ou o senhor, que é meu sogro, ou meu pai, dêem-me dinheiro... dinheiro ou casa, ou leva tudo o diabo... o diabo...

PAULINA

(*ao mesmo tempo*)

Meu pai, já não posso; tire-me deste inferno, senão, morro! Isto não é viver... Minha sogra, meu marido, minha cunhada maltratam-me... Meu pai, leve-me, leve-me daqui...

Eduardo

Meu pai, não fico aqui nem mais um momento. Não me deixam estudar a minha rabeca... É uma bulha infernal, uma rixa desde pela manhã até a noite; nem um instante eu tenho para tocar...

Olaia

Senhor, se isto assim continua, fujo de casa... Abandono marido, tudo, tudo... Antes quero viver só do meu trabalho, do que assim. Não posso, não posso, não quero... Nem mais um instante... É um tormento... (*os dois Anjinhos, enquanto estas falas se recitam, devem chorar muito*)

Anselmo

Com mil diabos, assim não entendo nada!

Fabiana

Digo-lhe que...

Nicolau

Perderei a alma...

Sabino

Se eu não...

Eduardo

Nada estudo...

Paulina

Meu pai, se...

Olaia

Nesta casa... (*todos gritam ao mesmo tempo*)

ANSELMO

(*batendo o pé*)

Irra, deixem-me falar!

FABIANA

Pois fale...

ANSELMO

Senhora, recebi a vossa carta e sei qual a causa das contendas e brigas em que todos viveis. Andamos muito mal, a experiência o tem mostrado, em casarmos nossos filhos e não lhes darmos casa para morarem. Mas ainda estamos em tempo de remediar o mal... Meu filho, aqui está a chave de uma casa que para ti aluguei. (*dá-lhe*)

EDUARDO

Obrigado. Só assim poderei estudar tranqüilo e compor o meu tremendíssimo...

ANSELMO

Filha, dá esta outra chave a teu marido. É a da tua nova casa...

PAULINA

(*tomando-a*)

Mil graças, meu pai. (*dá a chave a Sabino*)

FABIANA

Agora, sim...

ANSELMO

Estou certo que em bem pouco tempo verei reinar entre vós todos a maior harmonia e que visitando-vos mutuamente e...

TODOS
(*uns para os outros*)

A minha casa está às vossas ordens. Quando quiser...

ANSELMO

Muito bem. (*ao público*) E vós, senhores, que presenciastes estas desavenças domésticas, recordai-vos sempre que...

TODOS

Quem casa, quer casa. (*cai o pano*)

FIM

OS CIÚMES DE UM PEDESTRE [OU O TERRÍVEL CAPITÃO-DO-MATO]

Comédia em 1 ato

[1845]

PERSONAGENS

ANDRÉ JOÃO, *pedestre*
BALBINA, *sua filha*
ANACLETA, *sua mulher*
ALEXANDRE, *amante de Balbina*
PAULINO, *amante de Anacleta*
ROBERTO, *pai de Anacleta*
O CABO DA PATRULHA
SOLDADOS PERMANENTES

A cena passa-se no Rio de Janeiro.

ATO ÚNICO

(Sala ordinária. Porta no fundo e laterais. No segundo plano, à direita, um armário, e à esquerda, uma escada de mão, que se supõe conduzir a uma trapeira sobre o telhado. No alto de cada uma das portas laterais haverá um buraco. Uma mesa, sobre a qual estará uma vela apagada. É noite.)

Cena I

Ao levantar do pano, estará a cena às escuras e só. Ouve-se dar meia-noite em um sino ao longe. Logo que tenha expirado a última badalada, aparece PAULINO *sobre a escada e principia a descer com precaução.*

PAULINO

(ainda no alto da escada)

Meia-noite. São horas de descer... (*principia a descer*) Ele saiu... Anda a estas horas em procura de negros fugidos… Que silêncio! O meu bem ainda estará acordado? A quanto me exponho por ela! Escorreguei no telhado e quase caí na rua. Estava arranjado! Mas, enfim, o telhado é o caminho dos gatos e dos amantes à polca… Mas cuidado com o resultado! (*neste tempo está nos últimos degraus da escada*) Ouço rumor…

Cena II

BALBINA, *da esquerda, metendo a cabeça no buraco da porta.*

BALBINA
(*chamando*)
Minha madrasta? Minha madrasta?

PAULINO
(*à parte*)
Mau! A filha está acordada…

BALBINA
(*no mesmo*)
D. Anacleta? D. Anacleta?

ANACLETA
(*da direita, metendo a cabeça no buraco da porta*)
O que queres, Balbina?

PAULINO
(*à parte*)
É ela…

BALBINA

Já deu meia-noite...

ANACLETA

E foi só para me dizeres isso que me chamaste? Vai dormir, que eu não estou para conversar a estas horas e de poleiro... Adeus.

BALBINA

Pelo amor de Deus, espere!

ANACLETA

Para quê?

BALBINA

Estou com medo...

ANACLETA

Ora, não sejas criança. Vai dormir.

BALBINA

Não posso... Eu estava cosendo; fui espevitar a vela e apaguei-a... Fiquei às escuras. Nisso deu meia-noite... Arrepiaram-se-me os cabelos... Levantei-me e ia meter-me na cama assim mesmo vestida, quando ouvi as tábuas do forro estalarem como se uma pessoa andasse sobre elas...

PAULINO

(*à parte*)

E não enganou-se...

ANACLETA

O medo é que te fez crer isso.

BALBINA

Não, não foi o medo, bem ouvi... E fiquei com tanto susto, que nem ousava respirar. Afinal, cobrei ânimo para chegar até aqui e chamar-lhe.

ANACLETA

Quem pode a estas horas andar lá pelo forro?

PAULINO

(*à parte*)

Eu...

BALBINA

Não sei.

ANACLETA

Foi engano teu. As tábuas à noite estalam com o calor.

BALBINA

Bem pode ser; mas tenho medo. Não posso ficar só às escuras, morrerei de susto. Se eu pudesse ir para lá...

ANACLETA

Bem sabes que é impossível. Ambas estas portas estão fechadas e teu pai levou as chaves.

BALBINA

Meu Deus! Mas fique aí conversando comigo, até que meu pai entre.

ANACLETA

Isto é, queres que fiquemos aqui até de madrugada, que é a hora que ele volta?

PAULINO

(*à parte*)

Muito bem, não enganei-me!

BALBINA

Meu Deus, meu Deus, por que meu pai desconfia tanto de nós, que nos deixa assim fechadas cada uma no seu quarto? Se ao menos nos deixasse juntas!

ANACLETA

Ele diz que uma mulher só é capaz de enganar ao diabo, e que duas juntas enganariam o inferno em peso.

PAULINO

(*à parte*)

Que tal o pedestre? E o mais é que não deixa de ter sua razãozinha...

BALBINA

E por isso deixa-nos presas e separadas quando sai para suas diligências. Pois olhe: se meu pai continua a desconfiar assim e aperta comigo, eu prego-lhe alguma...

ANACLETA

E eu também.

PAULINO

(*à parte*)

Bravo, isso mesmo é o que eu quero...

BALBINA

Nunca lhe dei motivos para assim tratar-me.

Anacleta

E eu, que motivos lhe tenho dado? O remédio é ter paciência. Adeus.

Balbina

Não, não, espere!

Anacleta

Escuta. Vai à gavetinha da mesa que está aí no canto à esquerda, tira uma caixinha de fósforo que lá guardei esta manhã, e acende a tua vela.

Balbina

Pois sim, mas não saia daí enquanto eu procuro o fósforo.

Anacleta

Medrosa! Pois vai, que fico esperando.

Balbina

Pelo amor de Deus, não saia daí! (*desaparece do buraco*)

Cena III

Balbina, Paulino, *e* Anacleta *no buraco da porta*

Paulino

(*à parte*)

Vamo-nos aproximando... (*caminha com precaução para onde ouve a voz de Anacleta*)

Anacleta

Pensa meu marido que se guarda uma mulher prendendo-a debaixo de sete chaves! Simplório! Não sabe que quando elas não se guardam a si mesmas, nem quantas fechaduras e portas há são capazes de as reter. O pior às vezes é desconfiar.

Paulino

(*à parte, caminhando*)

Não há dúvida, o pior é desconfiar...

Anacleta

Os ciúmes despropositados de alguns maridos fazem com que as mulheres pensem em coisas que nunca lhes passariam pela cabeça, se eles tivessem mais confiança.

Paulino

(*à parte*)

Pobres maridos! Eu arrisco-me a falar-lhe...

Anacleta

Se o meu não me atormentasse com ciúmes, eu não teria decerto dado atenção ao meu vizinho...

Paulino

(*à parte*)

Ai, que fala da pessoa!

Anacleta

Pois como desconfia de mim, hei de namorar o vizinho, ainda que não seja para vingar-me...

PAULINO

(alto)

Sim, sim, meu bem, vinga-te! Aqui estou eu para vingarmo-nos!

ANACLETA

Ai, ai, ladrões! *(sai do buraco e continua a gritar dentro)*

PAULINO

(assustado, batendo na porta)

Fi-la bonita! Espantei-a! Sou eu, sou eu! É o vizinho... Não sou ladrão, não grite... Olhe que sou eu... *(Anacleta continua a gritar dentro)* Pior! Isto não vai bem... *(batendo na porta)* Sou eu, sou o vizinho amado... Tome esta cartinha... por baixo da porta... *(assim dizendo, mete uma carta por debaixo da porta. Balbina aparece no buraco da porta à direita)*

BALBINA

O que é? Que gritos são estes?

PAULINO

(à parte)

Mal vai ela... Safemo-nos, há já uma de mais... *(encaminha-se para sair)*

BALBINA

Minha madrasta? *(Paulino cai sobre uma cadeira)* Quem está aí?

PAULINO

(perdendo a cabeça)

Não é ninguém...

Balbina
(*sai do buraco e principia a gritar*)
Ladrões, ladrões!

Paulino
(*só e assustado*)
Mais esta! O melhor é safar-me... Como grita! Que goelas! Se chega o pedestre, estou arranjado! Namoro de telhado dá sempre nisto... Onde diabo está a escada? (*esbarrando-se no armário*) Isto é um armário... Estou desorientado... Calaram-se. A escada deve estar deste lado... Ouço passos! Meu Deus, será ele?

Pedestre
(*dentro*)
Anda para diante...

Paulino
Oh, diabo, é ele! Se aqui me pilha, mata-me... Ou ao menos leva-me para a Correção. (*procura a escada com ansiedade*) Ah, enfim! (*vai a subir apressado e a escada rebenta pelo meio, e ele rola pela cena*) Ai, ai! (*levantando-se apressado*) Maldito namoro! Que hei de fazer? A escada quebrou-se! Abrem a porta! Jesus! (*procura o armário*) Ah! (*esconde-se no armário*)

Cena IV

Abre-se a porta do fundo e por ela entra o Pedestre *com uma lanterna de furta-fogo na mão esquerda e trazendo preso, na mão direita, pela gola da camisa,* ALEXANDRE, *disfarçado em negro.*

PEDESTRE

Entra, paizinho…

ALEXANDRE

Sim sinhô… (*o Pedestre, depois de entrar, fecha a porta por dentro*)

PEDESTRE

Agora foge…

ALEXANDRE

Não sinhô… (*o Pedestre acende uma vela que está sobre a mesa e apaga a lanterna*)

PEDESTRE

(*enquanto acende a vela*)

Quem é teu senhor?

ALEXANDRE

Meu sinhô é sinhô Majó, que mora na Tijuca.

PEDESTRE

Ah! e que fazias tu à meia-noite na rua, cá na cidade?

ALEXANDRE

Estava tomando fresco, sim sinhô.

PEDESTRE

Tomando fresco! Olha que patife… Estavas fugido.

ALEXANDRE

Não sinhô.

PEDESTRE

Está bom, eu te mostrarei. Hei de te levar amarrado a teu senhor. (*à parte*) Mas há de ser daqui a quatro dias, para a paga ser melhor. (*para Alexandre*) Vem para cá. (*encaminha-se com Alexandre para a segunda porta à esquerda e quer abri-la*) É verdade, está fechada... E a chave está lá dentro do quarto de Balbina. (*para Alexandre*) Espera aí. Se dás um passo, dou-te um tiro.

ALEXANDRE

He!

PEDESTRE

He, hem? Vê lá! (*encaminha-se para a porta do quarto de Balbina, tira da algibeira uma chave e abre a porta. Balbina, ouvindo da parte de dentro abrirem a porta, principia a gritar*)

BALBINA

(*dentro*)

Ai, ai! Quem me socorre? Quem me socorre?

PEDESTRE

Que é lá isso? Balbina, por que gritas? Sou eu. (*abre a porta e entra no quarto*) Que diabo!

Cena V

ALEXANDRE, PAULINO *espiando da porta do armário e* ANACLETA *espiando pelo buraco da porta.*

ALEXANDRE

(*com o seu falar natural*)

Estou só... Tomei este disfarce, o único de que me podia servir para introduzir-me nesta casa, a fim de falar à minha querida Balbina... Com que vigilância a guarda o pai! Quem sabe como me sairei desta empresa... Quem sabe... Talvez muito mal; o pedestre é endiabrado... Coragem, agora nada de fraqueza...

PAULINO

(*à parte, do armário*)

Estou arranjado! Como sair daqui?

ANACLETA

(*chegando ao buraco da porta*)

Um negro! Meu marido já entrou... E o vizinho? A carta era dele... Sairia?

PAULINO

(*vendo Anacleta no buraco*)

É ela! Psiu...

ALEXANDRE

(*voltando-se*)

Quem chama? (*Paulino e Anacleta, vendo o negro voltar-se, desaparecem*) Aqui há gente... Mau, já não vou gostando... (*olhando espantado ao redor de si*)

Cena VI

Entram o PEDESTRE *e* BALBINA.

PEDESTRE

Por que gritavas?

BALBINA

Pensei que eram ladrões. Ouvi bulha aqui na sala...

ALEXANDRE

(*à parte*)

Como o meu coração bate! Prudência... (*principia a fazer sinais para Balbina*)

PEDESTRE

Fui eu que entrei, e mais cedo do que costumo. Encontrei este tratante dormindo na calçada, aqui mesmo defronte da porta. Estava tomando fresco... Ladrões, dizes tu? Ladrões em casa de pedestre? Tão tolos não são eles. Aqui não há que roubar, e vinham entregar-se com a boca na botija, pois não?

BALBINA

(*reconhecendo Alexandre*)

Meu Deus!

PEDESTRE

Hem?

BALBINA

(*disfarçando*)

Nada, não senhor. (*à parte*) Que loucura! (*neste tempo Alexandre tem na mão uma cartinha, que mostra a Balbina*)

PEDESTRE

Anda, vai te deitar, que estás sonhando. E tu... (*volta-se para Alexandre e o surpreende mostrando a carta a Balbina*) Ah! (*salta sobre ele e arranca-lhe a carta*)

BALBINA

(*à parte*)

Meu Deus!

PEDESTRE

Ah, patife, tu trazes cartinhas! (*voltando-se para a filha*) E tu as recebes... Velhaca!

BALBINA

(*recuando*)

Meu pai!

PEDESTRE

Vejamos quem te escreve, para depois castigar-te. (*abre* a *carta e lê*) "Meu amor... (*falando*) Ah, já és seu amor? (*continuando a ler*) Apesar das cautelas de teu pai, um estratagema me conduzirá junto de ti... (*falando*) Ah, um estratagema! (*olha receoso ao redor de si*)... e arrancando-te à sua crueldade, serás minha esposa." (*falando*) Não tem assinatura... (*fica pensativo*)

BALBINA

(*à parte*)

Eu tremo!

ALEXANDRE

(*à parte*)

O que fará? Em boas meti-me!

PEDESTRE

(caminha para Alexandre sem dizer palavra e dá-lhe uma bofetada)

Principio por ti... *(Alexandre, esquecendo-se do caráter que representa, quer ir sobre o Pedestre, mas vendo Balbina, que com as mãos postas pede-lhe que se modere, contém-se. Pedestre, agarrando Alexandre pela gola da camisa)* Quem mandou esta carta?

ALEXANDRE

(à parte)

Felizmente não me conhece...

PEDESTRE

Quem mandou esta carta? Fala, ou eu...

ALEXANDRE

Não sei, não sinhô; foi um branco que me deu.

PEDESTRE

Que branco?

ALEXANDRE

Não sei, não sinhô.

PEDESTRE

Ah, não sabes? *(querendo puxar da espada)*

BALBINA

Meu pai!

PEDESTRE

Espera tu, que temos também que falar. *(para Alexandre)* Então? Quem é o branco?

ALEXANDRE

Eu vou contá tudo. Um branco me disse: José, toma dez tostões; quando dé meia-noite vai para o Beco dos Aflitos fazê negro fugido... E quando o pedestre que mora lá mesmo no Beco dos Aflitos sair, deixa ele prendê você e levá para casa... E entrega esta cartinha à sinhá Balbina... Está... Mas não sei quem é o branco... Foi para ganhar dez tostões...

PEDESTRE

Hum, é assim? Que trama! Vem cá, negrinho da minha alma, tratante... Amanhã, hem? Correção, cabeça rapada e... (*faz sinal de dar pancada*) Mas antes, hem? meu negrinho, hei de te dar uma reverendíssima maçada de pau bem repinicadinha. Vem cá, meu negrinho...

ALEXANDRE

(*querendo resistir*)

Mas sinhô...

PEDESTRE

Vem cá, vem cá... (*vai levando-o para o segundo quarto à esquerda e mete a chave na fechadura, para abrir a porta*)

BALBINA

(*à parte, enquanto o Pedestre abre a porta*)

Pobre Alexandre, a quanto se expõe ele por mim! Mas que loucura a sua, assim disfarçar-se!

PAULINO

(*à parte, espiando do armário*)

Isto principia muito mal... E acabará ainda pior!

PEDESTRE

(*empurrando Alexandre para dentro do quarto*)

Entra! (*fecha a porta e tira a chave*)

BALBINA

(*à parte, a tremer de susto*)

Ai de mim! Matai-me, meu Deus! (*Pedestre encaminha-se para Balbina e, chegando junto dela, observa-a por alguns instantes, calado. Balbina treme de susto, enquanto o pai a observa. Pedestre, sem dizer palavra, volta-se, e abrindo a gaveta da mesa, dela tira uma palmatória. Balbina, vendo-o tirar a palmatória*) Ah!

PEDESTRE

(*indo para ela*)

Dá cá a mão!

BALBINA

Meu pai!

PEDESTRE

Dá cá a mão!

BALBINA

Oh! (*recuando*)

PEDESTRE

(*seguindo-a*)

Dá cá a mão!

BALBINA

(*escondendo as mãos atrás das costas*)

Não sou criança para levar de palmatória!

PEDESTRE

Não és criança... Mas és namoradeira, e eu cá ensino as namoradeiras a palmatória. Santo remédio! Venha!

BALBINA

Meu pai, meu pai, pelo amor de Deus!

PEDESTRE

Ah, a menina tem namorados, recebe cartinhas e quer casar-se contra minha vontade! Veremos... Venha, enquanto está quente... Venha!

BALBINA

(*caindo de joelhos*)

Por piedade!

PEDESTRE

Só quatro dúzias, só quatro dúzias...

BALBINA

Oh, não, não, meu pai! (*abraçando-lhe as pernas*) Meu pai, que lhe fiz eu? Que culpa tenho eu, se me escrevem? Posso eu impedir que me escrevam?

PEDESTRE

Pode, pode! Não dê corda! Venha!

BALBINA

Mas isso é uma injustiça! Eu não conheço ninguém, não vejo ninguém, vivo aqui fechada...

PEDESTRE

Quanto mais se não vivesse...

BALBINA

Que culpa tenho, se alguém se lembra de escrever-me? Não posso prevenir isso... Escrevem-me, mandam a carta por um negro... e sou eu quem pago, eu, que não tenho culpa nenhuma! Meu pai, perdoe-me! Indague quem foi a pessoa que escreveu-me e castiga-o... Mas eu? Oh, perdão, meu bom paizinho!

PEDESTRE

Levanta-te. Olha, tu não levarás os bolos por esta, mas também não me hás de embaçar mais. Porém quero saber quem é o sujeitinho que quer armar o estratagema para lograr-me. Lograr-me! A mim, que sou macaco velho no ofício... Quero ver se é capaz de pôr o pé nesta casa ou se te fará dar um só passo daqui para fora. Então, não sabes ele quem é?

BALBINA

Já lhe disse que não, meu pai.

PEDESTRE

Está bem, chama tua madrasta. Toma a chave. Ela mo dirá. (*Balbina vai abrir a porta e sai por ela*)

Cena VII

PEDESTRE, *e* PAULINO *no armário.* PEDESTRE *passeia, pensativo, de um para outro lado da sala.*

PAULINO

(*à parte, no armário*)

No que diabo estará ele pensando!

PEDESTRE

Estratagema! Qual será o estratagema? É preciso toda a cautela... Ora, eis aí está! Fecham-se, aferrolham-se estas mulheres e elas sempre acham uma abertazinha para nos pregarem mesmo na menina do olho... Ah, mas deixem-nas comigo... Só fica logrado aquele que as não conhece. Porta sempre fechada – e os melros que andem por fora da gaiola...

PAULINO

(*à parte, no armário*)

Dentro já estou eu...

ALEXANDRE

(*à parte, no buraco da porta*)

Eu cá estou de dentro...

PEDESTRE

Veremos quem é capaz de lograr-me... Lograr André Camarão! Cá a menina, levarei a palmatória. Santa panacéia para namoros! E minha mulher... Oh, se lhe passar somente pela ponta dos cabelos a idéia de enganar-me, de se deixar seduzir... Ah, nem falar nisso, nem pensar! Eu seria um tigre, um leão, um elefante! A mataria, a enterraria, a esfolaria viva. Oh, já tremo de furor! Vi muitas vezes *Otelo* no teatro, quando ia para platéia por ordem superior. O crime de Otelo é uma migalha, uma ninharia, uma nonada, comparado com o meu... Enganar-me! Enganar, ela! Ah, nem sei do que seria capaz! Amarrados ela e o seu amante, os mandaria de presente ao diabo, acabariam na ponta desta espada, nas unhas destas mãos, no talão destas botas! Nem quero dizer do que seria capaz.

PAULINO
(*à parte, no armário*)
Deus se compadeça de mim!

PEDESTRE
Oh, mataria o gênero humano, se o gênero humano seduzisse minha mulher!

PAULINO
(*à parte*)
Quem me reza por alma?

PEDESTRE
Ela que chega... E eu não me fio nela...

Cena VIII

Os mesmos, ANACLETA *e* BALBINA

ANACLETA
Mandou-me chamar?

PEDESTRE
Sim, espere. E tu, (*para Balbina*) vai aquentar uma xícara de café, que tenho a cabeça muito esquentada. (*Balbina sai*)

PAULINO
(*à parte*)
Atenção...

PEDESTRE
(*para Anacleta*)
Chegue-se para cá. (*assenta-se*)

Anacleta

(aproximando-se)

Aqui me tem.

Pedestre

Quem vem a esta casa quando eu estou fora?

Paulino

(à parte)

Ninguém...

Anacleta

Zombas comigo? *(olhando ao redor de si)* Ele saiu...

Pedestre

Responda ao que lhe pergunto. Quem vem a esta casa?

Anacleta

Quando sais não fechas todas as portas e não nos deixas presas cada uma de seu lado? Como queres que aqui venha alguém?

Pedestre

(levantando-se)

Portas fechadas! Que valem portas fechadas? As fechaduras não têm buraco?

Anacleta

(à parte)

Com que homem casei-me eu!

PEDESTRE

(*à parte*)

Hei de ver se descubro umas fechaduras sem buraco... (*alto*) Anacleta, ouve bem o que te vou dizer. Tu me conheces, e sabes se sou capaz de fazer o que digo – e ainda mais. Sempre que saio deixo esta casa fechada, portas e janelas, e sempre que aqui estou tenho os olhos alerta. E apesar de todas estas cautelas, Balbina enganou-me.

ANACLETA

Enganou-te?

PEDESTRE

Tem um amante, recebe cartinhas e está fiada em um estratagema para lograr-me. (*Olha ao redor de si*) Mas isso veremos... Mas onde diabo viu ela esse sujeito? Quando, como? Aqui está o que me amofina, o que derrota a minha finúria de pedestre e faz-me andar a cabeça à roda. Tantas cautelas, e por fim logrado! Ah, mulheres! Diabos! Vamos, tu deves saber quem é ele? Como se chama? Onde foi que Balbina o viu? Em que lugar? Por que buraco? Por que greta?

ANACLETA

Nada sei.

PEDESTRE

(*pegando-lhe no braço, furioso*)

Nada sabes?

ANACLETA

Não!

PEDESTRE

Mulher!

ANACLETA

Matai-me, porque deixarei de sofrer!

PEDESTRE

Matar-te! Isso fica para quando o mereceres... Por ora, basta que eu seja mais cauteloso. Todas as portas, todas as janelas desta casa vão ser pregadas a prego... Um pequeno postigo naquela porta – quanto caiba meu corpo – será bastante para eu sair... E o postigo fechará como uma tampa de caixeta e aldraba – nada de fechaduras com buraco! A luz virá pelo telhado... Não, não, os telhados andam também muito perigosos... Uma candeia de dia e de noite estará acesa aqui. Quero ver se assim me logram.

ANACLETA

(com muita tranqüilidade)

Agora que te ouvi, ouve-me também. Fecha todas estas portas, prega-as, calafeta-as, rodeia-me de vigias e cautelas, que eu hei de achar uma ocasião para fugir!

PEDESTRE

Tu? Oh!

ANACLETA

Eu, sim! E irei direitinha daqui para o Recolhimento, donde saí, depois de queixar-me às autoridades.

PEDESTRE

Tu és capaz de fugir daqui?

ANACLETA

Sou sim!

PEDESTRE

Meu Deus, como hei de eu fechar estes demônios, estas endiabradas?.

ANACLETA

Minha mãe – Deus a perdoe! – lançou-me na roda dos enjeitados. Na Santa Casa fui criada e educada...

PEDESTRE

Boa educação!...

ANACLETA

Privada dos carinhos maternais, pobre e abandonada como eu era, encontrei nessa casa de misericórdia cristã amparo e proteção; nela cresci e nela aprendi a orar a Deus pelos meus benfeitores e por minha mãe, que me havia abandonado, minha mãe, de quem só possuo no mundo esta cruz que desde o berço me acompanha... (*assim dizendo, beija uma cruzinha que traz pendente ao pescoço*)

PEDESTRE

Esta história eu já ouvi muitas vezes, e faz-me sono...

ANACLETA

Pois dorme.

PEDESTRE

Assim era eu tolo... Quem se casa não dorme, ou... Bem sei o que digo.

ANACLETA

Então vai ouvindo. Como recolhida, tive quatrocentos mil-réis de dote... E tu te casaste comigo por causa desses quatrocentos mil-réis, e só por eles.

PEDESTRE

Eu os daria agora a quem me livrasse da pensão de te guardar.

ANACLETA

E deixei assim uma habitação de paz por este inferno em que vivo. Oh, mas estou resolvida, tomarei uma resolução. Fugirei desta casa, onde vivo como miserável escrava; irei ter com meus benfeitores, contar-lhes-ei o que tenho sofrido desde que os deixei. Pedirei justiça, para mim e para tua primeira vítima... Oh, recorda-te bem, André, que tua primeira mulher, a infeliz mãe de Balbina, morreu arrebentada de desgostos, e que teus loucos ciúmes abriram-lhe a sepultura...

PEDESTRE

Morreu para minha tranqüilidade; já não é preciso vigiá-la...

ANACLETA

Oh, que monstro!

PEDESTRE

Anacleta! Anacleta! Tu queres pregar-me alguma! Nunca te ouvi falar assim, e se agora o fazes, é que te sentes culpada...

Anacleta

Não, é que me sinto cansada; já não posso com esta vida; não quero morrer como ela.

Pedestre

Até agora tenho te tratado como um fidalgo, nada te tem faltado, a não ser a liberdade...

Anacleta

(*à parte*)

É o necessário...

Pedestre

Confiava em ti... porque tinha sempre a minha porta fechada. Mas minha filha enganou-me, apesar das portas fechadas, e tu também me enganarás...

Anacleta

Oh!

Pedestre

(*com voz concentrada*)

Se é que já não me enganaste!

Anacleta

Isto é muito!

Pedestre

(*pegando-lhe pelo braço*)

Mulher, se eu tivesse a mais pequena desconfiança, o menor indício que... Bem me entendes... Eu... eu... te mataria!

Anacleta

(recuando, horrorizada)

Ah!

Pedestre

(caminhando para ela)

Sim, a minha afronta eu lavaria no teu sangue, e a minha... *(aqui vê ele no seio da mulher a ponta da carta que Paulino meteu por baixo da porta e que ela apanhou, e com rapidez a arrebata)*

Anacleta

Ah! *(à parte)* Estou perdida!

Pedestre

(com a carta na mão)

Uma carta! Hoje já são duas! Chovem cartas em minha casa, apesar das portas fechadas! Ela também! *(indo para Anacleta)* De quem é esta carta? Eu tremo de a ler!

Anacleta

Esta carta?

Pedestre

Sim!

Anacleta

Não sei...

Pedestre

Oh! *(abrindo a carta com furor e amarrotando-a nas mãos)* Ei-la! *(arredando-a dos olhos, todo trêmulo)*

ANACLETA
(*suplicante*)
André!

PEDESTRE
A prova da minha desonra! (*tomando-a pelo braço, a conduz para junto da vela que está sobre a mesa*)

ANACLETA
Deixai-me! O que queres de mim?

PEDESTRE
(*apresentando-lhe a carta à luz da vela*)
Lê!

ANACLETA
André, piedade! (*muito aterrorizada*)

PEDESTRE
Lê comigo! (*lendo*) "Minha bela Anacleta...

ANACLETA
(*repetindo*)
Minha bela Anacleta...

PEDESTRE
(*lendo*)
... Teu marido é um animal...

ANACLETA
(*repetindo*)
... Teu marido é um animal...

PEDESTRE
(*no mesmo*)
... e tu és um anjo.

ANACLETA
(*no mesmo*)
... e tu és um anjo.

PEDESTRE
(*no mesmo*)
Esta noite irei ver-te...

ANACLETA
(*no mesmo*)
Esta noite irei ver-te...

PEDESTRE
(*no mesmo*)
... e se não tiver a fortuna de encontrar-te...

ANACLETA
(*no mesmo*)
... e se não tiver a fortuna de encontrar-te...

PEDESTRE
(*no mesmo*)
... deixar-te-ei esta carta...

ANACLETA
(*no mesmo*)
... deixar-te-ei esta carta...

PEDESTRE
(*no mesmo*)
... para conheceres quanto te amo...

Anacleta
(*no mesmo*)
... para conheceres quanto te amo...

Pedestre
(*no mesmo*)
... e quanto desprezo o burro do teu marido."

Anacleta
(*no mesmo*)
... e quanto desprezo o burro do teu marido.

Pedestre
(*puxando-a para a frente do tablado, encruzando os braços e com grande tranqüilidade*)
Que tens que dizer?

Anacleta
Tudo me persegue...

Pedestre
E te crimina. (*mudando de voz*) Olha para mim! Reconheces-me?

Anacleta
Oh, para que deixei eu o Recolhimento para seguir este homem?

Pedestre
Já fizeste as tuas orações?

Anacleta
Que queres tu dizer?

PEDESTRE

Recomenda tua alma a Deus, que eu esperarei um instante. (*passeia*)

ANACLETA

Oh, André, André, piedade! Escuta-me! (*aqui entra Balbina com uma xícara de café*)

BALBINA

Está o café, meu pai. (*Pedestre dá com a mão na xícara e a atira pelos ares*) Ah!

PEDESTRE

(*voltando-se para Anacleta e desembainhando a espada*)

Estás pronta?

ANACLETA

(*agarrando-se com Balbina*)

Balbina! Balbina!

BALBINA

Ai, ai!

PEDESTRE

(*puxa Anacleta pelo braço, a qual arrasta Balbina consigo*)

Tu vais morrer, mulher infiel, traidora!

ANACLETA

(*gritando*)

Quem me socorre, quem me socorre?

BALBINA

(*ao mesmo tempo*)

Meu pai, meu pai!

PEDESTRE

Ninguém agora te arrancaria de minhas mãos! Quero vingar-me! Morre!

ALEXANDRE

(*do buraco da porta*)

Tenha mão!

PEDESTRE

(*ao ouvir esta voz, volta-se e deixa o braço de Anacleta*)

Ah, negro, diabo!

ANACLETA

(*vendo-se livre, corre para dentro*)

Socorro!

PEDESTRE

(*conhecendo que foi o negro quem falou, segue a Anacleta, furioso*)

Espera, espera! (*saem ambos de cena*)

BALBINA

Meu pai, meu pai!

ALEXANDRE

(*do buraco da porta*)

Psiu, psiu! Balbina, vem cá!

PAULINO

(*do armário*)

O que será de mim? Misericórdia, que mortandade!

BALBINA

(*correndo para Alexandre*)

Fuja, fuja; senão, mata-me também!

ALEXANDRE

(*do buraco*)

Abra a porta, que fugiremos juntos. Já não quero ficar aqui nem um instante.

BALBINA

Ele tirou a chave!

PAULINO

(*dentro do armário*)

Olé, o negro quer fugir com a moça! Onde me meti eu!

ALEXANDRE

Balbina, Balbina, o que há de ser de nós? Quem mandou-me cá vir? Mas eu te amo tanto!

PAULINO

(*do armário*)

O caso é esse, agora percebo: disfarçou-se, pintou-se de negro para cá entrar. Olhem que menino! Se eu não estivesse com tanto medo, ria-me do logro que levou o pedestre. (*ouvem-se dentro gritos e bulha, como de uma pessoa que rola pelas escadas abaixo*)

BALBINA

Meu Deus, ele matou-a!

ALEXANDRE

(*do buraco*)

Não é possível!

PAULINO

(*no armário, fechando a porta*)

Eu desmaio... Quem me acode?

ALEXANDRE

Vai ver, vai ver, já não posso estar aqui... As pernas tremem-me... (*sai do buraco*)

Cena IX

Entra o PEDESTRE, *ainda com a espada na mão e muito pálido e assustado.*

BALBINA

Meu pai, meu pai, o que tem? Tão pálido! Responda! E minha madrasta?

PEDESTRE

(*apontando para dentro, todo trêmulo*)

Morta!

BALBINA

Morta! Meu Deus! (*corre para dentro*)

PAULINO

(*à parte, no armário*)

Um assassinato! E eu sou a causa, oh!

PEDESTRE

(*como assustado*)

Ela me enganava... Está morta! Morta! E agora? Enterra-se... e fico descansado. Sim, descansado, tranqüilo. Amanhã perguntar-me-ão por ela e eu... Oh, talvez fizesse mal... Mal? Se ela estivesse inocente... Inocente... Oh! (*com ternura*) Anacleta, Anacleta! Mas ela traiu-me, fiz muito bem... O homem deve vingar-se... (*com ternura*) Anacleta! Vem gente...

BALBINA

(*entrando*)

Meu pai, meu pai, talvez ainda seja tempo de a salvar! Ela rolou pelas escadas abaixo e lá está caída, fria e sem sentidos... Acuda-a!

PEDESTRE

Não, ela traiu-me; esqueceu-se do meu nome, do meu amor e de minha confiança.

BALBINA

Venha, ou vá chamar um médico!

PEDESTRE

(*com voz terrível*)

Não!

BALBINA

Meu Deus, compadecei-vos de nós! (*sai*)

PEDESTRE

Morta, morta, morta! Talvez não fosse culpada; talvez, quem sabe? Que abismo! Inocente! Mas a carta, a carta? Teu marido é um animal... Animal! Oh, se tivesse o indigno sedutor debaixo dos pés, se o visse tremendo, enfiado nesta espada, ah! seria feliz! Pérfida! Insultado, desonrado! Oh, quisera nadar em sangue! Pérfida! (*passeia agitado pela sala*) Esta escada quebrada... Desceria ele por aqui? Viria pelos telhados? Ah, (*vendo o boné*) um boné! Um boné em minha casa! Um boné! Querem-na mais clara? Mas um boné por si só é inocente, um boné nada vale... A cabeça que ele cobria é que é tudo. Procuremos a cabeça. (*principia a procurar pela sala, furioso*) Não me há de escapar. (*dirige-se para o armário e o abre*) Oh, cá está!

PAULINO

Quem me acode? Quem me socorre?

PEDESTRE

(*arrancando-o do armário e puxando-o para frente da cena*)

Oh, és tu? O algoz da minha honra, da minha tranqüilidade!

PAULINO

(*trêmulo de susto*)

Eu não senhor, não senhor!

PEDESTRE

(*pondo-lhe o boné na cabeça*)

Este boné é teu... e esta cabeça é minha!

PAULINO

Ai, ai, ai!

Pedestre

(furioso)

Ah, tu pensavas que havias de entrar no asilo conjugal pelo telhado, para roubares ao marido o seu bem! Ah, contastes com a minha fraqueza! Tu vais morrer na maré da noite!

Paulino

Ai, ai, quem me acode?

Pedestre

Podes gritar. Tenho o direito de te matar. Vou arrancar-te esse coração... Grita... e morre!

Paulino

(por um movimento rápido, desprende-se das mãos do Pedestre e corre pela sala, gritando)

Ai, ai, quem me acode? Querem me matar!

Pedestre

(o segue de perto)

Não me escaparás; hás de morrer! *(atira uma estocada em Paulino, pelas costas)* Morre!

Paulino

(deixando-se cair ao chão de bruços, com os braços estendidos)

Ai, estou morto!

Pedestre

(parando repentinamente)

Morto! Também ele! Matei-o! *(deixa cair a espada, trêmulo, e vem assentar-se junto à mesa, e aí per-*

manece por alguns instantes, silencioso. Paulino, enquanto o Pedestre caminha para a mesa, e durante o tempo que aí demora-se sentado, levanta a cabeça e observa. Pedestre, depois de alguns momentos de silêncio) Fiz o que devia.

PAULINO
(à parte)

E eu também...

PEDESTRE
(levantando-se, pensativo)

Nasce o homem tranqüilo e inocente e depois faz duas mortes... Duas mortes! Fado e destino da humanidade! *(caminha para junto de Paulino, que se conserva imóvel)* Vil sedutor, cadáver aborrecido! *(empurra-o com o pé e ele rola)* Ressuscita outra vez, que te quero ainda matar de novo, cevar-me no teu sangue, arrancar tuas tripas! Oh, ressuscita outra vez!

PAULINO
(à parte)

Assim era eu tolo!

PEDESTRE

Minha vingança está satisfeita; dormirei tranqüilo... Tranqüilo? Mas a forca? A forca! Oh, que nem dela me lembrava! Oh, por que levantou a justiça este horrível fantasma entre o homem e a sua legítima vingança? Oh, bem se vê que quem inventou o Código e a forca não tinha mulher que o traísse... Que farei? Como ocultar estas duas mortes, como esconder estes dois corpos, que farei? Ah! *(como ferido de uma idéia repentina, corre para o quarto onde está Alexandre e sai)*

PAULINO

(levantando a cabeça com cautela e espiando)

Foi-se... O que iria fazer? Se a chave estivesse na porta, eu metia pernas... Mas o endemoninhado a tirou... O melhor é continuar a fingir-me de morto. Mas que diabo quererá ele fazer do meu corpo? Ora, é bem-feito, para eu não me meter em camisas de onze varas, saltar telhados e bolir com as mulheres dos outros. Se escapar desta, podem todos os que têm mulheres dormirem com as portas abertas, que eu *abrenuntio*... Ele aí vem... Estou morto...

Cena X

Entra o PEDESTRE, *conduzindo por uma mão* ALEXANDRE *e tendo na outra um saco.*

PEDESTRE

(para Alexandre)

Nem uma palavra, e faze o que eu te mando; do contrário, mato-te como o matei... *(apontando)*

ALEXANDRE

(assustado, vendo Paulino)

Ah!

PEDESTRE

Então?

ALEXANDRE
(*à parte*)

É alta noite, e eu só com este desalmado, em sua casa...

PEDESTRE

Decide-te!

ALEXANDRE

Sim sinhô. (*à parte*) O melhor é obedecer-lhe e ver se me safo...

PEDESTRE

Vem cá. É preciso metê-lo neste saco, ajuda-me. (*ambos principiam a meter Paulino dentro do saco. Durante esta operação, Paulino conserva toda a aparência de um corpo morto*) Anda mais depressa, não tremas. Ele ainda está quente... Patife! Assim metido no saco, tu o levarás às costas e o lançarás ao mar. (*tirando uma corda da algibeira*) Amarremos a boca do saco. (*amarram a boca do saco*) Eu te acompanharei até a praia; depois dar-te-ei a liberdade... Bom, está amarrado. Agora espera um instante, enquanto vou ver se alguma ronda se aproxima, ou se passa alguém pela rua. (*sai pelo fundo e fecha a porta por fora*)

Cena XI

ALEXANDRE *e* PAULINO *metido no saco.*

ALEXANDRE

Fecha a porta... e deixa-me só com um homem morto! Mas quem é este homem? Por que o matou ele? Oh, tenho os cabelos arrepiados... Só com um cadáver! Que vim eu aqui fazer? Que horrível noite! E Balbina? Está junto da madrasta também morta... Oh, que terrível pedestre! O que farei, o que farei?

PAULINO
(dentro do saco, sentando-se)
Fugirmos...

ALEXANDRE
(recuando, espavorido)
Ah!

PAULINO
(no mesmo)
Não se assuste, que eu estou vivo...

ALEXANDRE
Vivo!

PAULINO
(no mesmo)
Sim, sim. Pois não ouve que estou falando?

ALEXANDRE
(aproximando-se)
Ah!

PAULINO
(no mesmo)
Ele saiu... E eu espero que o senhor não me lance ao mar dentro deste saco. Ande, tire-me daqui. Eu

bem sei por que o senhor também está cá; tudo tenho ouvido. Veio por uma e vim por outra... Ande, tire-me daqui e fujamos... Ande depressa, uf! (*Alexandre, que durante o tempo que Paulino fala está como pensativo, exclama, logo que ele tenha acabado:* Balbina, Balbina! *e sai pela direita, correndo*)

Cena XII

PAULINO
(*só, dentro do saco*)

PAULINO

Então? Ó senhor? Foi-se... E esta! (*põe-se em pé*) E deixou-me só, dentro do saco... Se eu pudesse arrebentá-lo! (*faz esforços*) Nada! Estou aviado, quero dizer, estou ensacado... Ó amigo? (*vai dar alguns passos, atrapalha-se no saco e cai*) Ai, que fiz um galo na testa. Quem me mandou cá vir? (*sentando-se*) Sr. Paulino, Sr. Paulino, quem diria a Vossa Mercê que um dia se veria assim preso... (*ajoelhando-se*) Minha Nossa Senhora do Amparo, amparai-me nestes apertos, que eu vos prometo um saco de café, um saco de feijão e um saco de farinha! (*levantando-se*) Mas no entanto, esperando que a Senhora do Amparo se lembre de mim, não será mau que eu também faça alguns esforços para safar-me. A porta deve ser deste lado; o diabo é se encontro o meu assassino... Vamos a arriscar, e caminhemos à maneira do sapo; senão, arrebento as ventas. (*principia a caminhar pela cena, saltando de pés juntos*)

Cena XIII

Entram ALEXANDRE *e* BALBINA.

ALEXANDRE
(*entrando*)

Só assim nos salvaremos!

PAULINO
(*parando*)

Ouço vozes...

ALEXANDRE

Tua madrasta já tornou a si; estava apenas atordoada pela queda que deu pela escada, fugindo de teu pai. Lá ficou deitada na sua cama. Está salva; agora, salvemo-nos também... E só o meio de que te falei... E uma vez fora daqui tenho o meu plano...

BALBINA

A ti me entrego. (*Alexandre beija-lhe a mão*)

ALEXANDRE
(*para Paulino, que está imóvel*)

Ah, senhor?

PAULINO
(*ouvindo que falam com ele, salta apressado, fugindo*)

Deixe-me, deixe-me, não me mate, Sr. Pedestre!

ALEXANDRE
(*correndo atrás dele e segurando*)

Não se assuste, sou eu...

PAULINO

Ah, é o senhor?

ALEXANDRE

Sim, sou eu. Quer sair deste saco?

PAULINO

(*com presteza*)

Sim senhor!

ALEXANDRE

Ver-se na rua...

PAULINO

Sim senhor!

ALEXANDRE

Livre e desembaraçado?

PAULINO

Sim senhor!

ALEXANDRE

Jura fazer o que eu lhe disser?

PAULINO

Juro, sim senhor!

ALEXANDRE

Palavra de honra?

PAULINO

Palavra de honra!

ALEXANDRE

Muito bem. (*desata o saco*)

PAULINO

(*botando a cabeça fora do saco*)

Ah, enfim!

ALEXANDRE

Tenho a sua palavra...

PAULINO

Conte com ela. (*tendo saído do saco*)

ALEXANDRE

(*para Balbina*)

Balbina, vem, não tenhas medo. Este é o único modo, como te disse, de sairmos daqui. (*Alexandre põe o saco no chão, aberto, e Balbina, colocando-se sobre ele, deixa que Alexandre levante as bordas, e vê-se assim dentro do saco*)

PAULINO

Que diabo é lá isso? Aqui nesta casa ensaca-se gente como farinha... E como hei de eu sair daqui?

ALEXANDRE

(*amarrando a boca do saco*)

Quer vir outra vez para o saco?

PAULINO

Nada, quero saber como hei de sair desta caverna de assassinos.

ALEXANDRE

Acompanhando-me quando eu sair com o pedestre, levando este saco às costas.

PAULINO

Bravo, compreendo excelentemente! É melhor do que ser atirado ao mar. (*ouve-se bulir na fechadura*)

ALEXANDRE

Ele aí vem... (*Paulino corre, apressado, e esconde-se no armário, e Alexandre põe Balbina dentro do saco ao ombro*)

Cena XIV

Entra o PEDESTRE.

PEDESTRE

Tudo está em silêncio, não passa ninguém... Fui até ao canto e não avistei vivalma. Vamos, com cuidado; depois virei buscar o outro corpo. Apaguemos a luz. (*apaga a vela e sai seguido de Alexandre, que leva Balbina às costas. Tendo saído, fecha a porta por fora*)

Cena XV

PAULINO, *logo que o* PEDESTRE *e* ALEXANDRE *saem, abre a porta do armário e vai saindo com cautela.*

PAULINO

Creio que fecha a porta... Mau! E deixou-me no escuro. (*encaminha-se para a porta e conhece que está fechada*) Está fechada! Fechada! Oh, com mil diabos, estou ainda preso e em seu poder! Meu Deus, quando sairei eu desta maldita casa? Só, no escuro e com uma defunta... Ela está lá dentro morta e fui eu a causa da sua morte! Não tarda muito que venha sua alma por aí a pedir-me contas... Já tenho os cabelos todos arrepiados. Escapei de morrer apunhalado, afogado, mas decerto morrerei assombrado. Que noite, que noite! (*dá dentro uma hora, ao longe*) Uma hora! É a hora das almas do outro mundo... E eu fechado sozinho com uma defunta! (*do buraco da primeira porta à esquerda salta em cena um gato; ao ruído que este faz, saltando, Paulino se assusta e cai de joelhos*) Ai, misericórdia, misericórdia! Padre nosso, que estais no céu, santificado seja vosso nome... santificado... venha a nós... que estás no céu... vosso nome... santificado... o pão nosso... santificado... que estás no céu... seja o vosso nome... as vossas dívidas... Creio que se foi embora... Nada ouço. (*levanta-se*) É a alma da desgraçada, que anda penando... Infeliz, Deus se compadeça de ti e por lá te tenha muito tempo sem mim... Ora, é célebre! Como eu perdi o amor a esta mulher, depois que ela morreu... Está me parecendo que o medo que tenho rapado esta noite é que fez essa mudança. Ai, ai, eu daria o amor de todas as mulheres solteiras, casadas, viúvas e etc., só para me ver fora daqui e... (*aqui abrem a porta da direita*) Aí vem ela! É uma sombra branca... que vai até o teto... Ai, ai! (*cai de joelhos*)

Cena XVI

ANACLETA *entra pela direita.*

ANACLETA
(*entrando*)

Deixaram-me só... fugiram todos... Que homem bárbaro! Como está escuro! Estou só, só e abandonada. Como tenho a cabeça abalada da horrível queda que dei... Talvez Balbina esteja no seu quarto; vejamos. Ela não teria coração de desamparar-me, fraca como estou.

PAULINO
(*enquanto Anacleta tem este pequeno monólogo, reza em voz baixa*)

Salve Rainha, que estais no céu... neste vale de lágrimas... perdoai o pão nosso... assim como nós na vida eterna... amém Jesus... (*etc. Anacleta, dirigindo-se para a esquerda, a fim de entrar no quarto de Balbina, esbarra-se em Paulino, que está de joelhos, e ambos se assustam*)

ANACLETA
(*assustando-se e recuando*)

Ai!

PAULINO
(*caindo de bruços*)

Misericórdia, misericórdia!

ANACLETA
(*à parte*)

Quem será?

PAULINO

(*de bruços*)

Senhora Alma do outro mundo, tenha compaixão de mim! Quem a matou foi seu marido... Agarre-se com ele e leve-o para o inferno... Mas eu, senhora?

ANACLETA

Ai, que é o vizinho que ainda está por cá e julga-me morta. (*dirigindo-se para Paulino*) Senhor...

PAULINO

(*à parte*)

Senhor! Esta alma é muito bem-criada...

ANACLETA

Sou eu, não se assuste, não tenha medo...

PAULINO

(*à parte*)

Parece-me boa pessoa, coitadinha!

ANACLETA

Como se acha ainda aqui? Responda!

PAULINO

Assim era eu tolo!

ANACLETA

Meu marido que me julga morta...

PAULINO

(*levantando-se pouco a pouco*)

Que a julga morta?

ANACLETA

Só porque, fugindo eu do seu furor, rolei pelas escadas e caí sem sentido.

PAULINO

(*sentado*)

Pois a senhora não está morta? Pois eu não estou falando com a sua alma?

ANACLETA

Eu morta! Talvez assim me julgassem, por isso me abandonaram. Mas graças a Deus ainda estou viva.

PAULINO

(*levantando-se*)

Ainda está viva! Eu também estou vivo... Também já estive morto. Ambos estamos vivos e fechados nesta casa... E foi ele quem nos fechou... Ele mesmo, o marido... Oh, que pedestre estúpido!

ANACLETA

Senhor!

PAULINO

Não se assuste... Há uma hora que eu teria dado quanto possuo para estar como estou, só convosco. Mas as coisas mudaram; esta única hora tem me envelhecido mais de cinqüenta anos. Saltei pela minha janela, trepei no vosso telhado, escorreguei três vezes, desci pela vossa escada, quebrei-a, presenciei os furores de vosso marido, chorei a vossa morte, fui assassinado, metido em um saco, meu Deus! e tudo isto em uma hora! Não seria melhor que eu estivesse deitado em minha cama, roncando debaixo dos lençóis?

Anacleta

O senhor foi de tudo isso culpado e causa do que eu tenho sofrido.

Paulino

Serei eu o culpado de tudo, carregarei com mais essa – hoje estou pronto para tudo. Mas sempre vos direi que, se me tivésseis dado com as janelas na cara quando eu lá da minha vos namorava, não teria acontecido tudo isto...

Anacleta

Nunca lhe dei esperanças; conhecia os meus deveres. Se às vezes lhe dava atenção, era para distrair-me da insipidez em que vivia.

Paulino

(furioso)

Para distrair, para distrair-se! E a tanto me arrisquei! Oh, grandessíssimo pateta, pedaço de asno! Camelo, camelório, que tanto te arriscaste por uma mulher que se divertia contigo! Arrebento!

Anacleta

Não grite tanto, que ele pode vir...

Paulino

Ele! Oh, agora é que minha morte é certa... E que morte? E por quem? Arreda, mulher, arreda! Eu agora preferia estar com tua alma... Sim, com tua alma, porque ainda não vi nenhum marido ter ciúmes da alma de sua mulher...

Anacleta

Senhor!

Paulino

Oh, estou capaz de te matar para ficar só com tua alma!

Anacleta

Meu Deus!

Paulino

Tudo está acabado, tudo! Amanhã estarei morto! Ó sol que me alumiais, amanhã verás o meu enterro subindo pela Ladeira de Santo Antônio... Não escapo, não posso escapar... Aqui encontrado, só com ela, morrerei às suas mãos. Oh!

Anacleta

Fujamos, fujamos!

Paulino

Fugir contigo! Oh, de ti fugiria eu, se a porta estivesse aberta. Fugir com uma mulher! Oh, leve o diabo todas as mulheres e quem acredita nelas e...

Anacleta

(*muito assustada*)

Ele aí vem! (*dirige-se para a direita e sai*)

Paulino

(*assustado*)

Aí vem! (*dirige-se para a esquerda e entra no quarto e fecha a porta*)

Cena XVII

Entra o PEDESTRE, *muito assustado.*

PEDESTRE

Estou perdido! O melhor é fugir enquanto é tempo... É preciso levar alguma coisa. (*dirige-se para a mesa e, abrindo a gaveta, tira uma caixinha de fósforo e acende a vela*) Ao dobrar a segunda esquina, esbarramos mesmo com uma patrulha... O negrinho meteu logo pernas com o saco às costas, e eu também. Pega, pega! gritava a patrulha, e eu do mesmo modo gritava: Pega, pega! para não desconfiarem de mim. Mas no primeiro canto furtei-lhe a volta e vim mais que depressa para casa... Ah, mas não posso escapar! O negrinho será preso com o corpo às costas; falará... Aqui virão, e o outro corpo... Está dito, nasci para morrer enforcado por causa das mulheres, que tantos trabalhos me têm dado. Vou ajuntar o pouco dinheiro que tenho e ponho-me ao fresco... Quem quiser que a enterre... Oh, diabo, deixei a porta aberta! (*dirige-se para fechar a porta do fundo*)

Cena XVIII

O PEDESTRE, *ao chegar à porta, recua por nela aparecer* ROBERTO.

ROBERTO
(*da porta*)

Dá licença?

PEDESTRE

(*recuando*)

Ah! (*à parte*) Estou perdido!

ROBERTO

(*entrando*)

Desculpe-me, se a estas horas...

PEDESTRE

(*à parte*)

Toda a hora é boa para se prender e enforcar um homem...

ROBERTO

Só muito poderoso motivo me obrigaria a incomodá-lo a horas tão indevidas...

PEDESTRE

Ai, que o homem não é o que eu pensei... Não me vem prender... Sem dúvida quer que eu lhe procure algum escravo fugido. (*alto*) Que ordena Vossa Senhoria?

ROBERTO

Senhor, há apenas doze horas que desembarquei chegando da Índia...

PEDESTRE

Ah, e ele já fugiu... Sem dúvida, ao desembarcar...

ROBERTO

Ele quem?

PEDESTRE

O seu escravo.

ROBERTO

Não é de um meu escravo que lhe venho falar.

PEDESTRE

Ah! (*à parte*) Que diabo será? (*alto*) Então far-me-á o favor de dizer depressa o que quer. Bem vê que a estas horas... (*aqui Anacleta espreita pelo buraco da porta para a cena e nesse jogo continua*)

ROBERTO

Direi o que quero, e peço me desculpe. Há dezoito anos que um motivo, que é inútil agora dizer, obrigou-me a deixar o Rio de Janeiro, minha pátria. Parti para costa da África; mas antes, cruel e imperiosa necessidade obrigou-me a lançar na roda dos enjeitados minha querida filhinha. Com o coração partido de dor deixei esta terra, chorando a amante que o túmulo me roubara e a filha que deixava entregue a alheia caridade. Dezoito anos de exílio... Ah, mas à custa de privações e trabalhos conquistei uma fortuna de príncipe. (*o Pedestre tira o boné que conservava na cabeça*) Uma fortuna colossal para oferecer à minha filha, que abandonada passara a sua mocidade... Esta manhã entrava eu pela barra; três navios preciosamente carregados seguiam-me... E estes três navios pertencem-me.

PEDESTRE

Três navios!

Roberto

Ao saltar em terra, apressado dirigi-me para a Santa Casa da Misericórdia, a fim de saber se minha filha ainda vivia. Como ia ansioso e trêmulo! Aí chegando, perguntei por essa inocente menina que havia dezoito anos dava-me forças para tanto sofrer e coragem para trabalhar... Dei os necessários sinais – uma cruz de ouro esmaltada, orlada de azul...

Pedestre

(*espantado*)

Uma cruz de ouro!

Anacleta

(*da porta, à parte*)

Uma cruz de ouro!

Roberto

Foi-me respondido que essa menina, não tendo sido reclamada, o Recolhimento a dotara e casara. Perguntei com quem; disseram-me que com um homem que ao depois se fizera pedestre.

Anacleta

(*da porta, à parte*)

Meu Deus!

Pedestre

(*assombrado, ao mesmo tempo*)

É ela! Oh! (*aqui Paulino principia a espiar pelo buraco da porta à esquerda; com cautela, porém, para não ser visto*)

ROBERTO

Com um pedestre! exclamei eu. Não importa. Se esse homem a tem feito feliz, se na pobreza a que seu estado o condena tem suavizado a sua sorte com os dotes de alma, se na vida doméstica a tem feito esquecer o abandono de sua mocidade, esse homem será meu genro. Amanhã terá um palácio magnífico, numerosos criados, ricas equipagens...

PEDESTRE

(*à parte*)

Oh, e eu a matei!

ROBERTO

... ouro em que se possa fartar, ouro em abundância para satisfazer seus menores caprichos.

PEDESTRE

(*à parte*)

E eu a matei!

ROBERTO

Amanhã pisará o mais soberbo com a sua imensa riqueza e esmagará o mais rico com sua esplêndida ostentação.

PEDESTRE

(*à parte*)

Oh, e eu a matei!

ANACLETA

(*à porta e à parte*)

Meu Deus, é isto possível?

ROBERTO

Os homens que me ouviam deixaram primeiro passar esta torrente de exaltação e depois ensinaram-me a casa de meu genro. Meti-me em uma carruagem e dirigi-me para vossa casa. E agora, senhor, vós que sois o seu marido, ah, dizei-me: minha filha?

PEDESTRE

(*como alucinado*)

Vossa filha?

ROBERTO

Vive feliz? Não tem amaldiçoado seu pai?

PEDESTRE

(*no mesmo*)

Seu pai!

ROBERTO

Onde está ela? Quero abraçá-la.

PEDESTRE

(*no mesmo*)

Abraçá-la, abraçá-la!

ROBERTO

Sim, apertá-la contra o meu peito, fazê-la feliz... E a vós também, a vós que a tendes amparado. Oh, conduzi-me, conduzi-me para junto dela!

PEDESTRE

(*com a fisionomia desfigurada e tomando Roberto pelo braço*)

Vossa filha... está morta!

Roberto

Morta!

Pedestre

Sim, e fui eu, eu mesmo que a matei!

Roberto

Oh, grande Deus, que tenho ouvido? (*neste tempo Anacleta tem saído do buraco da porta*)

Pedestre

(*louco*)

Ela me traiu... seu amante... matei-os, fiz muito bem! Portas fechadas... nada valeram... Enganoume... matei-a... Está morta! Palácios, equipagens, ouro, muito ouro, tudo ela me fez perder... Por sua causa viverei na miséria!

Roberto

(*como aniquilado*)

Meu Deus!

Pedestre

Oh, se ela não se deixasse matar, hoje tinha três navios, três! Diabos que me tentaram! Estava rico, rico, muito rico... Ah, mulher, o que me fizeste perder!

Roberto

(*com energia*)

Ah, sois o seu assassino? O assassino de minha filha? Ah, não saireis de minhas mãos!

PEDESTRE

(*sem dar atenção a Roberto*)

Mulher que me perdeste na vida e na morte, mulher que me danaste em vida e me arruínas na morte, mulher que me persegues ainda defunta, os diabos te levem!

ROBERTO

Ah, chamarei pela justiça, clamarei vingança!

PEDESTRE

(*como em confidência*)

Escutai, escutai... em segredo... que ninguém nos ouça...

ROBERTO

Assassino!

PEDESTRE

(*no mesmo*)

Escutai... eu vos darei um dos meus três navios para que lhe dês vida e eu possa assim ficar com os outros dois... Vinde, que ela ali está...

ROBERTO

Ali!

PEDESTRE

Sim, sim, está morta... Mas vós lhe dareis vida por um navio... vinde... silêncio... Dar-vos-ei um dos navios que ela me fez perder...

ROBERTO

(*deixando-se conduzir pelo Pedestre*)

Oh!

Paulino
(à parte, do buraco)
Atenção, agora é que são elas... (*logo que o Pedestre e Roberto estão a dois passos da porta, esta abre-se repentinamente e Anacleta, que por ela sai, abraça-se com Roberto*)

Anacleta
(abraçando Roberto)
Meu pai, meu pai!

Roberto
(surpreendido)
Ah!

Pedestre
(vendo Anacleta, recua espavorido até a extremidade esquerda e vem encontrar-se à porta em cujo buraco está Paulino)
Fantasma, fantasma!

Anacleta
(nos braços de Roberto)
Sou eu, meu pai, sou sua filha, eis aqui a cruz... (*mostrando a cruz ao pai*)

Roberto
(abraçando-a)
Sim, sim, és minha filha! Filha, querida filha! Meu Deus!

Anacleta
(ao mesmo tempo)
Meu pai, meu pai! (*enquanto Roberto abraça a filha e continua em uma cena muda de reconheci-*

mento e expansão, o Pedestre está aterrorizado, encostado à porta, tremendo)

PEDESTRE

É ela, é a sua alma! Deixai-me, deixai-me! (*diz isto ao mesmo tempo que Roberto fala com Anacleta*)

PAULINO

(*do buraco da porta para o Pedestre*)

Olá, não tenha medo... Não trema tanto...

PEDESTRE

(ouvindo falar sobre a sua cabeça, olha, e vendo a cara de Paulino, diz com grande terror)

Oh, também o outro fantasma! (*precipita-se para a porta do fundo, a fim de fugir*)

PAULINO

(*do buraco*)

Espere... (*continua a cena muda entre Roberto e Anacleta. Pedestre caminha para o fundo, e quando vai a sair, encontra-se com Alexandre, que trazendo ainda às costas Balbina, dentro do saco, vem preso por uma patrulha. A esta inesperada visita, dá um grito e recua para a extremidade direita do proscênio, e aí caindo de joelhos treme espavorido*)

CABO

(*entrando acompanhado dos soldados e Alexandre*)

Quem é o dono desta casa?

PAULINO

(*do buraco*)

Bravo, estamos todos reunidos!

ROBERTO

Soldados! O que é isto?

CABO

Quem é o dono desta casa?

ANACLETA

(para o Cabo, apontando para o Pedestre)

Ali está. Mas, Sr. Oficial...

CABO

(indo para o Pedestre)

Senhor, levantai-vos. (*o Pedestre levanta-se*) Aquele negro foi encontrado na rua com um saco às costas, dentro do qual está um cadáver...

ROBERTO

Um cadáver!

ANACLETA

(ao mesmo tempo)

Um cadáver!

CABO

Sim, que daqui saiu. E do mesmo modo o trouxe para se proceder ao corpo de delito.

ROBERTO

Um cadáver!

PEDESTRE

(levantando-se)

Sim, um cadáver... (*apontando para Paulino, que se conserva no buraco da porta*) ... e ali está a sua alma!

PAULINO

Ah, ah, ah!

TODOS

Sua alma!

PEDESTRE

Fui eu que o matei! Abram e verão... Fui eu que o matei, assim como matei esta mulher...

ANACLETA

Eu estou viva, graças a Deus!

PAULINO

(*do buraco*)

E eu também...

ALEXANDRE

(*que a este tempo tem posto o saco em pé no chão e desatado a boca e descoberto a cara de Balbina*)

E esta também...

CABO

Oh!

ROBERTO

(*ao mesmo tempo*)

Oh!

ANACLETA

Balbina!

PEDESTRE

Vivos! Todos vivos! Ressuscitaram! Oh! (*dirigindo-se para a mulher*) Mulher!

ANACLETA

(*amparando-se com Roberto*)

Meu pai, salvai-me!

ROBERTO

(*para o Pedestre*)

Para longe!

PEDESTRE

Mulher, eu te matei... Eu o matei também... (*apontando para Paulino*) E tu e ele ficaram vivos nesta casa, juntos, fechados... e fechados por mim, por mim próprio! Oh, de que me serviu trancar portas e fazer duas mortes? (*dirigindo-se para Balbina*) E tu te deixaste furtar por um negro, que eu mesmo conduzi para fora de casa... Oh, de que me serviram as fechaduras, os cuidados, os ciúmes, a palmatória? Oh, estou desenganado! (*dirigindo-se para Roberto*) Senhor, levai vossa filha, que já me não pertence... Eu a matei, estou viúvo... Dai-lhe todos os vossos navios e riquezas; ide morar com ela em um palácio, que eu não... Em um palácio! Oh, em um palácio, que tem tantas portas e janelas! Ah, esta casa só tinha uma porta, e assim mesmo... Não, não, levai-a... Não sei, não posso vigiar mulheres, estou desenganado, vou ser frade!

ANACLETA

André!

PEDESTRE

Arreda!

ROBERTO

Filha! (*retendo-a*)

PEDESTRE

(*para Balbina*)

E tu, que tão indignamente me enganaste, casa-te com este negro, que estou vingado!

ALEXANDRE

Aceito a vossa palavra. (*passa a mão no rosto e, limpando a face, mostra ao Pedestre*)

PEDESTRE

Oh, faltava-me esta! Minha resolução está tomada... (*para o Cabo*) Senhor, prenda-me e leve-me para o convento; eu quero ser preso. (*dizendo estas palavras, agarra na gola da farda de um dos soldados e na do Cabo*) Estou preso!

PAULINO

(*do buraco*)

Ah, ah, ah!

CABO

Largue-me, largue-me!

PEDESTRE

Não me deixem fugir...

ANACLETA

André!

BALBINA

(*ao mesmo tempo*)

Meu pai!

PEDESTRE

(*para as duas*)

Deixem-me, estou preso pela polícia para ser frade! (*para o Cabo*) Não me deixem fugir... Adeus, ó mundo, adeus, mulheres! Vamos! (*vai-se pelo fundo, levando o Cabo e soldado consigo*)

CABO

(*levado à força*)

Espere, espere!

ANACLETA

Meu pai!

ROBERTO

(*ao mesmo tempo*)

Filha!

BALBINA

(*ao mesmo tempo*)

Alexandre!

ALEXANDRE

(*ao mesmo tempo*)

Serás minha!

PEDESTRE

(*saindo pelo fundo*)

Vou ser frade!

PAULINO

(*do buraco*)

E eu vou dormir, que já deu uma hora... (*Alexandre ajoelha-se aos pés de Balbina; Roberto abraça Anacleta. Cai o pano, ouvindo-se sempre a voz do Pedestre, dentro*)

PEDESTRE

(*dentro*)

Quero ser frade, quero ser frade!

FIM

AS DESGRAÇAS DE UMA CRIANÇA

Comédia em 1 ato

[1845]

PERSONAGENS

ABEL, *velho*
RITA, *sua filha*
PACÍFICO, *soldado de cavalaria*
MANUEL IGREJA, *sacristão da Capela* [*Imperial.*]
MADALENA, *ama*
SOLDADOS

A cena passa-se no Rio de Janeiro,
no ano de 1846.

ATO ÚNICO

(Sala: portas laterais e no fundo. Junto da porta da direita um berço, e além uma marquesa. Mesa e cadeiras. É noite. Haverá sobre a mesa um moringue, um copo e uma lamparina de porcelana acesa.)

Cena I

MADALENA, *sentada junto ao berço, o embala.*

MADALENA
(cantando)

Menino bonito
Não dorme na cama,
Dorme no regaço
Da Senhora Santana.

A Senhora lavava,
São José estendia,
Chorava o menino
Do frio que tinha.

Já dorme, graças a Deus! Triste vida é esta minha! Criar isto... Se ao menos fosse meu! Coitadinho, esse já lá está no céu, e a pobreza e necessidade aqui me têm presa. Que remédio? Criar filho alheio, para ao depois tomar-lhe amor e viver separado. Às vezes nem reconhecimento... Que vida! Quando todos dormem, estou eu acordada, mudando-lhe fraldinhas e cueiros... Agradável e aromática ocupação! Ai, que acordou! Dorme, dorme... que pertinho estou... (*canta*) *Senhora Santana...* (*etc.*) Dorme, dorme... (*embala*) Ah, não quer dormir? Pois espera. (*levanta-o pelo bracinho e dá-lhe palmadas*) Agora dorme. (*A criança chora*) Que goelinha de sapo! Anda, chora para aí. (*canta*) *Senhora Santana... etc.* E então, não dormiu? Santo remédio para crianças são as palmadas! A estas horas já muitos têm dormido o primeiro sono e vestem-se para a missa do galo; só eu... Ah, quem me dera poder ir também! É perder a idéia daí, que lhe acho muitos impossíveis. Cá o velho – o velho! – (*ri-se*) e a senhora irão, e ainda dormem; e eu nem durmo e nem vou. Mas ficarei, e ficando, muito bem sei o que hei de fazer... O meu Pacífico não se esquecerá de mim. O que querem? Divertem-se, divirto-me também! Cada um como pode. (*batem à porta*) Batem! (*levanta-se*) Quem é? (*Chegando-se para a porta do fundo*) Quem é?

Cena II

Aparece na porta do fundo Manuel Igreja, *vestido de sacristão da Capela Imperial.*

MANUEL

(*à porta*)

Sou eu. Dá licença?

MADALENA

Ah, é o Sr. Manuel Igreja. (*abre*) Entre.

MANUEL

Boa noite, Sra. Madalena.

MADALENA

O senhor a estas horas por cá e assim vestido?

MANUEL

Prometi ao Sr. Abel vir acordá-lo para que não perdesse a missa.

MADALENA

Ele ainda dorme. O senhor anda muito obsequioso...

MANUEL

Entre amigos...

MADALENA

Só amigo? Eu cá o entendo... Não me logra; faço que não vejo, mas vejo muito.

MANUEL

Ah, então o que tem visto?

MADALENA

Quer saber?

MANUEL

Quero, sim.

MADALENA

Namorico, namoro e, quem sabe, casamento por fim? Que diz, acertei?

MANUEL

Senhora Madalena, já que adivinhou o meu segredo, quer agora lucrar com esta descoberta?

MADALENA

Lucrar? Sim!

MANUEL

Entregue esta carta a D. Rita.

MADALENA

Oh, devagar! Quem julga o senhor que eu sou?

MANUEL

Quem julgo? Julgo ser a feliz ama daquela inocente criancinha. Oh, Sra. Madalena, o que não daria eu para amamentar aquela criança e viver sempre junto de sua encantadora mãe!

MADALENA

Oh, e que não daria eu também para ser sacristão, escorropichar galhetas, ganhar vela de cera e viver no meio de luzes e incenso, como os anjos!

MANUEL

Como os anjos! Oh, é verdade, eu vivia como um anjo, mas esse tempo já lá se vai... Acender velas, e apagar velas; ajudar missas e beber o vinho das galhetas; encomendar defuntos e enterrar defuntos... Com que prazer não entoava eu junto com os padres a encomendação para sua alma! (*cantando*) Leva o defunto para terra, venha a pataca mais a vela... Os defuntos é que davam que comer, ai, ai! Eram minhas doces ocupações! Feliz tempo! Quantos defuntos não levei eu à cova com sorriso nos lábios! Mas agora!...

MADALENA

Oh, está com cara de enterro!

MANUEL

Pode ser, que há dois anos que sofro. Bem pudera estar morto e enterrado, mas a esperança, doce esperança... Sra. Madalena, quero lhe contar como entrou-me no peito este amor, que me traz engasgado. Há dois anos...

MADALENA

Pois já há dois anos? É antigo!

MANUEL

Há dois anos, sim. Era eu então sacristão da Candelária. Uma tarde, eu, meu companheiro e o vigário esperávamos por uns noivos para celebrarmos o seu casamento. Chegaram, enfim, em uma carruagem, do major, puxada a quatro. Vinham guapos, e a noiva... Ah, Sra. Madalena, que moça, que peixão, que demônio bonito! Assim que a vi o coração subiu-me até as goelas e fiquei como sufocado. Nunca tal tinha sentido! Subiram os noivos para o altar, principiou-se a cerimônia, e eu, com a tocha na mão, não podia despregar os olhos da dita. Perturbaram-se-me as idéias, assaltou-me o frenético desejo de dar uma tochada na cara do noivo, outra no vigário e fugir com a moça.

MADALENA

Que amor tão repentino, que frenesi!

MANUEL

Ah, Sra. Madalena, nunca, junto do altar, fiquei mais levado do diabo!

MADALENA

Foi uma tentação...

MANUEL

Assim o creio. Porém fiz um esforço e contive-me. Continuou a cerimônia, sem que o vigário soubesse do que tinha escapado... Mas na ocasião em que o noivo disse: "Eu te recebo a vós por minha legítima mulher", oh! fiquei cego, alucinado! Inclinei a tocha que tinha na mão e derramei uma torrente de cera quente sobre a sua cabeça. Ele deu um grito horroroso e levantou-se. O vigário passou-me uma reprimenda, e ela, ela que a princípio se espantara, sorriu-se, vendo o noivo com ambas as mãos na cabeça, arrancando punhados de cera e cabelo...

MADALENA

E ela sorriu-se?

MANUEL

Sorriu-se, sim. Com um sorriso de anjo!

MADALENA

Ou de mulher que vê o marido esfolado... Já dava esperanças.

MANUEL

Não sei se ela dava esperanças, mas posso assegurar-lhe que eu me dava aos diabos.

MADALENA

E como acabou-se o casamento?

MANUEL

Como acabam todos: receberam as bênçãos, meteram-se na carruagem e foram-se. E eu fiquei com cara de tolo, de apaixonado...

MADALENA

É o mesmo.

MANUEL

E desde esse dia achei-me outro. Não dei mais uma só cabeçada, não fiz a menor molecagem na rua, como era meu costume e de alguns meus companheiros; fazia tudo às avessas: atirava com tocheiras e velas no chão, quebrava galhetas e banqueta... Se ajudava a missa e dizia o vigário: *Per omnia secula seculorum*, eu respondia: *Et cum spiritu tuo*, e se dizia: *Dominus vobiscum*, eu respondia: *Amen*. Enfim, o vigário, não podendo mais aturar-me, pôs-me no olho da rua, e eu, para não cortar uma carreira tão brilhante, fui ser sacristão do Carmo.

MADALENA

Ia em progresso...

MANUEL

Mas pensa a senhora que eu esquecia-me da tal noiva? Qual! Cada vez ia a pior. Quando dormia, só com duas coisas sonhava: com ela e com o vinho branco das galhetas.

MADALENA

Ah, ah, ah!

MANUEL

E nesses tormentos de saudades passaram-se quatorze meses. Uma tarde assistia eu a um enterro e rezava com os padres, como de costume, sem saber o quê. Por simples curiosidade, levanto-me na ponta dos pés e olho para o defunto que estava sobre a essa... E vejo... Oh!

MADALENA

O que viu?

MANUEL

O noivo, o noivo, que estava morto, defunto! E fiz logo este simples raciocínio: se ele está morto, ela deve estar viúva...

MADALENA

Muito bem raciocinado!

MANUEL

Pulei de contente, e nesse movimento dei com o turíbulo nas canelas de um padre. Oh, Sra. Madalena, com que prazer entoei eu o *"Requiescat in pace"!* Acompanhei seu corpo à sepultura e recomendei ao coveiro que fechasse quanto antes a catacumba, e dei-lhe meia pataca.

MADALENA

Foi generoso...

MANUEL

Daria mais, se tivesse, mas um sacristão não é um capitalista.

MADALENA

Que dúvida!

MANUEL

Que feliz morte!

MADALENA

E que fez o Sr. Manuel Igreja, sabendo que ela estava viúva?

MANUEL

O que fiz? Essa é boa! Namorei a viúva a bandeiras despregadas. Abandonei festas, enterros e missas para passar-lhe pela porta vinte, trinta vezes no dia. No primeiro mês chorou ela a morte do marido; no segundo, chegou à janela; no terceiro, reparou que eu passava muitas vezes; no quarto, sorriu-se para mim; no quinto, recebeu uma cartinha; no sexto, esqueceu-se completamente do defunto; no sétimo, veio à escada conversar comigo; e no oitavo...

MADALENA

Basta! Não quero saber mais.

MANUEL

No oitavo, prometeu que se casaria comigo, mas no entretanto fui despedido do Carmo pelo desmazelo com que diziam que eu servia.

MADALENA

Mas lucrou.

MANUEL

Lucrei, sim. Arranjei-me na Capela Imperial – melhor ordenado e mais bonito vestido. Isto faz vista e seduz! Não fico sedutor assim?

MADALENA

Muito!

MANUEL

E ainda recusará entregar esta carta?

MADALENA

Não. Mas antes que eu o consinta, o que me dará o senhor?

MANUEL

Dar-lhe-ei todos os bicos e velas que puder arranjar.

MADALENA

Guarde seus bicos.

ABEL

(*dentro*)

Madalena, com quem estás tu a falar?

MADALENA

O velho acordou!

MANUEL

Tome, tome a carta, tome. (*mete-lhe a carta na mão*) Por quem é!

MADALENA

(*recebendo-a*)

Está bom, entregarei.

ABEL

(*dentro*)

Com quem falas, Madalena?

MANUEL

Sou eu, Sr. Abel, é o Manuel Igreja. (*para Madalena*) Sra. Madalena, conte com minha generosidade.

MADALENA

Estava arranjada... Generosidade de sacristão...

MANUEL

Dei meia pataca para enterrar o marido; dar-lhe-ei, para me casar com a mulher...

MADALENA

O quê?

MANUEL

Esta sotaina para fazer um vestido.

MADALENA

Guarde-a para cueiros de seus filhos!

Cena III

Abel, *vestido de casaca e chapéu, e os ditos.*

Abel

Sr. Igreja...

Manuel

Um criado. Vinha, como lhe prometi, acordá-lo para missa do galo, mas já vejo que não era preciso. (*Madalena, vendo entrar Abel, dirige-se para o berço e o embala*)

Abel

Muito agradecido.

Manuel

E a Sra. D. Rita não vai também à missa?

Abel

Vai sim; já se está a vestir.

Manuel

Quer que espere para irmos juntos?

Abel

Oh, não se incomode, iremos sós.

Manuel

Não é incômodo.

Abel

Nada, nada, não consinto. Pode se ir embora... (*Empurrando-o com política*)

MANUEL

Está bem. Então, até mais ver.

ABEL

Um seu criado. (*Manuel sai*)

Cena IV

ABEL, *e* MADALENA *junto do berço*

ABEL

Ora, eu já ando meio desconfiado que este Sr. Manuel Igreja tem rabo de palha cá por casa. Há apenas dois meses que meteu aqui de garra e mata-me com obséquios. Nada, já desconfio da amizade... Ou é pela menina, e essa não é para seus beiços, ou é pela Madalena, e a essa ponho eu embargos de terceiro. (*Para Madalena, com ternura*) Madalena?

MADALENA

(*à parte, embalando o berço*)

Maldito velho! (*cantando*)

Menino bonito
não dorme na cama,
Dorme no regaço
Da Senhora Santana.

ABEL

(*chegando-se para ela enquanto canta*)

Embalas esse menino com cantigas, assim como me embalas com esperanças. Não me ouves?

MADALENA

Senhor?

ABEL

Ah, fazes que me não ouves? Pois olha, não te iria mal se desses atenção...

MADALENA

E o que lucraria eu?

ABEL

Tudo. Minha filha alugou-te para criares o seu filho, porque sempre embirrou com amas negras, mas aqui te conservarás enquanto eu quiser.

MADALENA

Irei alugar-me em outra casa.

ABEL

Não acharás.

MADALENA

Aposto que sim.

ABEL

E se achares, perdes a tua fortuna.

MADALENA

Por quê?

ABEL

Porque meteu-se-me em cabeça fazer-te feliz logo que acabares a criação de meu netinho.

MADALENA

Sapatos de defuntos...

ABEL

(*com ternura*)

Madalena!

MADALENA

(*fugindo para outro lado do berço*)

Senhor, deixe-me!

ABEL

(*estendendo-se por cima do berço para segurá-la*)

Madaleninha!

MADALENA

Olhe a senhora, que aí vem.

ABEL

Deixá-la vir! (*estende os braços*)

Cena V

Entra RITA *vestida de preto.*

RITA

(*entrando*)

Estou pronta.

MADALENA

(*para Abel*)

Não lhe disse?

ABEL

Oh, diabo! (*para disfarçar, principia a fazer festa à criança que está no berço*) Psiu, psiu, negrinho! Olha vovô, cachorrinho! Psiu, psiu, galantinho! Bi, bi, bi! Ni, ni, ni! (*Madalena ri-se, à parte*)

RITA

(*encaminhando-se para o berço*)

Lulu está acordado?

ABEL

(*no mesmo*)

Olha vovô, molequinho! Olha, bonito! Bi, bi, bi!

RITA

(*que está junto do berço*)

Lulu... Está dormindo.

ABEL

Ah, és tu? Julguei que estavas lá dentro.

RITA

E meu pai a fazer-lhe festinhas.

ABEL

Julguei que estava acordado.

RITA

Qual! não vê como dorme? Parece um anjo! (*dá um beijo no filho. Abel, enquanto ela tem a cabeça baixa, faz acionados para Madalena, como quem está zangado. Madalena ri-se*) Madalena, tem muito cuidado nele, ouviste?

MADALENA

Sim senhora.

RITA

Vamos, meu pai.

ABEL

Vou buscar o chapéu. (*sai*)

RITA

(*para Madalena*)

Nós voltamos já. Se o menino acordar, muda-lhe a camisinha e cueiros, que estão muito molhados. Não te esqueças.

MADALENA

Não senhora. O Sr. Manuel entregou-me...

ABEL

(*entrando*)

Vamos, filha. E tu, fecha a porta.

RITA

(*dando um beijo no filho*)

Vamos. (*para Madalena*) Julgo que não é preciso recomendar-te cuidado.

MADALENA

Pode ir descansada.

RITA

Pois bem. (*sai com Abel*)

Cena VI

MADALENA, *só, e depois* PACÍFICO

MADALENA

E eu não tive tempo de entregar-lhe a carta! Vão se divertir... Ah, que se eu também pudesse aqui não ficaria. E o velho a disfarçar com o pequeno! Pobres crianças! Também, ainda não vi inocentes que mais velhacadas encubram... Uma criança é a melhor capa de namorados que se conhece. Ao menos sirvam para alguma coisa! Que aborrecimento ficar só em casa, quando os mais se divertem... E o meu tratante que hoje todo o dia se não lembrou de mim? Ah, se ele aqui estivesse, deixava-o tomando conta desta lesmazinha e ia ver a missa. (*dentro assobiam*) Ai, que é ele! Que fortuna! Deus o traz! (*chegando à janela*) Psiu, psiu, entra! Empurra a porta, que está cerrada. (*saindo da janela*) Oh, que felicidade! O velho e a senhora não voltarão nestas duas horas... Tenho tempo.

Cena VII

Entra PACÍFICO *de farda.*

PACÍFICO
(*da porta*)

Posso entrar?

MADALENA

Pode, estou só.

PACÍFICO
(*entrando*)

Um abraço.

MADALENA

Não faça bulha, que pode acordá-lo.

PACÍFICO

Abraços não fazem bulha. Dá cá.

MADALENA

Espera, temos contas que ajustar.

PACÍFICO

As contas ajustam-se no fim...

MADALENA

Pior.

PACÍFICO

O caso não vai de zangar, nem creio que me mandasses dizer que o velho ia à missa do galo para brigares comigo.

MADALENA

Não, era para te dizer que já não estou muito bem nesta casa, que quero sair dela.

PACÍFICO

E por quê?

MADALENA

O Sr. Abel persegue-me. Meteu-se-lhe nos cascos que eu...

PACÍFICO
(*rindo-se*)
Ah, ah, ah! Ele, velho baboso...

MADALENA
Velho baboso... Fia-te nele!

PACÍFICO
Não, mas fio-me em ti.

MADALENA
E é o que te vale. Mas deixemos de graças; eu quero sair daqui.

PACÍFICO
Deixa-te disso, Madalena; é preciso ganhar a vida! Que diabo, vinte mil-réis por mês não é marimba! Bem sabes o que nos tem custado a viver. Há um ano que viemos de São Gonçalo...

MADALENA
Antes de lá nunca tivesse saído. Vivia tão bem com minha mãe! Tu é que me perdeste.

PACÍFICO
Queixa-te da minha má fortuna. Se não fosse o diabo do recrutamento, que me deu com ossos na cidade, debaixo desta maldita farda, hoje podia estar casado contigo.

MADALENA
E bem sabes que esse era o teu dever...

PACÍFICO

Mas assim não quis o serviço do Estado. Quem recruta não quer saber se o homem está para casar, ou se deve casar-se. Vai agarrando a torto e a direito. É uma tirania! Olha, eu cá sou de parecer que não se devia recrutar não só os homens casados, como os que podem ser casados.

MADALENA

Assim não se recrutava ninguém, e não haveria soldados.

PACÍFICO

O Estado precisa mais de filhos do que de soldados, e demais, a lavoura é quem perde com isso.

MADALENA

A lavoura! Tu trabalhavas muito pela lavoura...

PACÍFICO

Se não trabalhava, deixava a outros trabalhar; e demais era porque meu pai não me deixou nem um palmo de terra. Que culpa tenho eu nisso?

MADALENA

Tem muita. Vivias como um vadio; todo o santo dia com a espingardinha no ombro a caçar. Eras mesmo um canela verde, como nos chamam cá na cidade. Mais dia menos dia não podia escapar da praça. Eu bem te avisei; não me quiseste ouvir...

PACÍFICO

Mas como? Era um canela verde, vadio?

Madalena

Até que filaram-te. Vieste cá para a cidade, juraste a bandeira e eu fugi do São Gonçalo para te acompanhar.

Pacífico

Fizeste muito bem.

Madalena

Fi-la como a minha cara, para viver aturando uma mãe impertinente, um velho baboso e aquela pestinha que ali está deitada. Boa vida! Os mais a divertirem-se, e eu aqui presa.

Pacífico

Diverte-te também.

Madalena

Sim, hei de deixar aquela lesma só... Ah, se eu pudesse ir à missa do galo!

Pacífico

Pois vamos; ele não morrerá por um instante que fique só.

Madalena

Não é possível. Ah, se tu quisesses ficar um instantezinho tomando sentido nele...

Pacífico

Eu?

Madalena

Sim, enquanto eu volto.

PACÍFICO

Eu, tomando sentido em uma criança?

MADALENA

E o que tem isso?

PACÍFICO

Feito ama-seca, de espada à cinta!

MADALENA

Pacífico, meu amor!

PACÍFICO

Nada, é o que me faltava! Um soldado de cavalaria de linha, um defensor da pátria, feito ama de nenéns! Ah, ah, ah! E se ele chorar, quem lhe há de dar de mamar?

MADALENA

Dá-lhe tu.

PACÍFICO

Hem?

MADALENA

Escuta, não me interrompas. Dá-lhe tu esta água com açúcar que está neste copo. Assim... (*tomando um copo que está sobre a mesa*) Espreme-lhe este paninho na boca; estás vendo?

PACÍFICO

Mas então tu pensas que eu hei de ficar...

MADALENA

Penso sim.

PACÍFICO

E quem te disse?

MADALENA

O amor que me tens.

PACÍFICO

Ah, queres me pegar pelo fraco.

MADALENA

Pacífico, meu rico Pacífico, tu não farás um sacrificiozinho por tua Madalena, que tanto te ama e que por ti tudo deixou? O que te custa isso? É um instante; só o tempo de eu chegar à igreja, espiar e voltar, sim? Meu soldado de amor, queres me ver chorar, ingrato?

PACÍFICO

Prometes-me que só espiarás?

MADALENA

Sim, só espio e volto.

PACÍFICO

Vê lá! Espiar e voltar. Não te demores; quando não, abandono a sentinela.

MADALENA

Voltarei em um pulo.

PACÍFICO

Fazes de mim o que queres.

MADALENA

(*tomando um xale que está pendurado na cabeceira da marquesa e pondo-o no ombro*) Embala-o bem, se ele chorar, e canta alguma coisa; não custa nada. E adeus, que vou depressa para voltar cedo. Não te esqueças: água com açúcar.

PACÍFICO

Espera, olha... E... Foi-se! (*Madalena sai*)

Cena VIII

PACÍFICO, *só*

PACÍFICO

E então? Deixou-me feito ama. E que tal? Vejamos a minha cria. (*chegando-se para o berço*) Dorme que é um regalo! Se dormisse assim sempre, muito bem íamos. Ora, ele é galantinho! Sempre gostei mais de ver as crianças que dormem; ficam tão sossegadinhas! Ai, que ele se mexe. Mau, mau! (*principia a embalar o berço devagar*) Dorme, dorme! Xi, xi, xi! O demoninho acorda; bole com os braços. (*embalando o berço*) Xi, xi, xi! Oh, diabo, abriu os olhos! Embalemos mais forte a ver se dorme. (*embala o berço com força*) Xi, xi, xi! (*a criança principia a chorar*) Ah, chora! Estou arranjado; agora é que são elas! (*embala com muita força. A criança continua a chorar*) Nada! Como guincha! Ah, Madalena! Diabo, dorme! Diabinho! E então? Cada vez a melhor. (*continua a embalar desesperado*) Não há remédio senão cantar; a ver se assim... Mas que diabo cantarei eu? Seja o que for. (*cantando e embalando*)

Senhorinha, vá-se embora,
Meu bem,
Vá pra casa direitinho.
Não faça como fez ontem,
Que me deixou no caminho.

Parece-me que não gosta de música... Olhem que goelas, Cala a boca! Qual! (*gritando muito*) Bico calado! Cada vez abre mais os foles! Ai, que não me lembrava da água com açúcar. (*corre para junto da mesa e toma o copo, mas ao dirigir-se para o berço, com a pressa que vai, tropeça e deixa cair o copo no chão*) Bravo! Bonito! Fi-la como os meus focinhos! Foi-se a água com o açúcar, e o diabinho a gritar! Espera, que ainda posso, aproveitar alguma coisa. (*assim dizendo, molha o paninho na água que corre pelo chão*) Ainda serve. (*chega-se para o berço*) Toma! (*dá à criança*) Ah, ainda é pouco... (*torna a molhar o pano no chão*) Toma mais. Não se farta; chupa e chora. Arre, que pestinha! Vejam lá que cara! (*arremedando a criança no chorar*) Belo ofício! Vejamos se as palmadas fazem mais efeito; é santo remédio. (*dá palmadas na criança, que redobra o choro*) Foi pior! Nem açúcar, nem palmadas... Que o leve o diabo! Que lhe darei? (*como que procura alguma coisa pela sala*) Muito custa criar! Eu, só na última necessidade... E não vejo nada! Naquele armário, talvez. (*vai abrir o armário*) Ah, garrafas! (*Tira uma garrafa e cheira*) Vinho! Belo! (*bota a garrafa na boca e bebe*) Talvez também goste. (*vai para o berço*) Assim, abre bem a boca; tome lá. (*dá vinho à criança, na garrafa*) Oh, diabo, como, ficou vermelho! É pequeno... Mas se morre? Melhor; ainda não ouvi defunto chorar. (*o pequeno chora*) Qual morrer! Dei-lhe mais força para chorar. Leve-me o demo, se sei o que hei de fazer. (*tira uma espora do pé e dá à criança*) Olha, bonito! Tetéia, tetéia! O diabo espetou-se com a roseta! Já não posso, vou-me embora. Arrebento! Pára aí! Mas Madalena... Ai, que isto agora faz-me lembrar de uma coisa: o pequeno está estranhando a farda, as calças e todo este aparelho. Se eu achasse um vestido... (*vai para junto da cama de Madalena*) Bravo, achei! (*tomando um vestido, um xale e touca que está nos pés da cama, veste-se com eles*) Assim pode ser que não estranhe. Tem me feito suar! Que bonita ama! Bem me podia alugar; havia de ganhar mais do que me paga a nação. Agora o xale... Muito bem! Venha o toucado... (*põe a touca, e assim vestido, chega-se para o berço e fala cam a criança, afinando a voz*) Nhonhozinho, não chore; é Madalena. Ande cá. (*toma a criança nos braços*) Não chore, durma, durma. Quer passear? Vamos passear. (*principia a passear, cantando e tendo a criança nos braços, muito sem jeito*)

Menino diabo,
Tu, tu, ru, tu, tu;
não chore, que eu chamo,
Que chamo o tutu.

Menino bonito,
Ao pé do murundu,
Se não dorme já,
Eu chamo o tutu.

Não dizia que a farda o espantava? Estava acostumado a viver com saias! Parece-me que vai adormecendo. E eu pensava que não tinha jeito para isto! O caso é que tudo está no principiar, depois vai mesmo por si. Já fechou os olhos. Ainda bem, que já estava disposto a tapar-lhe a boca com a rolha da garrafa. Ah, Madalena, não me metes noutra! Agora vou deitá-lo, mas cuidado... (*vai devagar para o berço e aí deita a criança com cuidado*) Ora, anda lá que não foi mal ninada... Possas tu dormir aí até o dia do Juízo! Oh, mas a Madalena não me mete noutra! Safa, estou estafado! Enquanto ela não chega, deito-me um pouco. (*vai para a cama e deita-se*) Ah, o descanso Deus amou... O diabo é se eu durmo e entra o velho. Vou daqui a toque de clarim. Mas ela entrará antes. Que demônio de travesseiro tão duro! (*vai a voltar o travesseiro e dá com a carta que Madalena aí escondera*) Olé, uma carta! De quem será? (*levantando-se*) Querem ver que a bicha me logra... Ah! (*encaminha-se para a lamparina e principia a ler a carta, soletrando*) "Minha querida." (*falando*) Ah, sua querida! Boa vai ela... (*lendo*) "Hoje preciso muito falar contigo. Quando voltares da missa do galo, em vez de te ires deitar, deixa o velho dormir, e espera-me. Isto te pede teu querido Manuel Igreja." (*falando*) Ah, tu amas ao Manuel Igreja? Igrejinha te hei de armar eu! Ah, traidora! Ora, fiem-se em mulheres! Esta nem por ser da roça, quanto mais se fosse da cidade... Tomara eu que o tal Manuel Igreja por cá apareça, que lhe quero rezar a ladainha e repicar-lhe o sino no espinhaço. Ah, maroto! Parece-me que ouço passos. Talvez seja ele... Ou ele ou ela, quero ensiná-los! (*pega na lamparina e a põe debaixo da mesa*)

MANUEL
(*dentro*)

Madalena?

PACÍFICO
(*à parte*)

É ele! Entra, entra que não sabes o que te espera... (*vai a sentar-se junto do berço*)

Cena IX

MANUEL IGREJA *e* PACÍFICO

MANUEL
(*aparecendo na porta do fundo*)

Madalena, eles já saíram? Posso entrar?

PACÍFICO
(*disfarçando a voz*)

Pode.

MANUEL
(*entrando e encaminhando-se para Madalena*)

Muito obrigado te estou eu. Verás que não serei ingrato; o meu amor servirá de fiança do que te prometo. O velho não pode tardar, não é assim? Assim que ele entrar, eu esconder-me-ei debaixo da tua cama, e depois...

PACÍFICO
(*que tem ouvido Manuel com a cabeça baixa, levanta-se repentinamente*)

Ah!

Manuel
(*recuando*)

Que tens, Madalena? (*Pacífico arregaça o vestido*) Levanta o vestido!... (*Pacífico puxa pela espada*) Uma espada! (*Pacífico caminhando para Manuel. Manuel, recuando*) Madalena... (*Pacífico segurando-lhe pelo braço*) Não é Madalena?

Pacífico

Não, é o diabo que te parta!

Manuel
(*aterrorizado*)

Ah!

Pacífico

Tratante, sacristão de uma figa! É, é sacristão, o patife... Ah, meu menino, pensavas que assim me havias surripiar...

Manuel

Mas, senhor, eu... Mas quem é o senhor?

Pacífico

Cinqüenta pranchadas para principiar. (*dá-lhe uma pranchada*)

Manuel
(*gritando*)

Ai, ai!

Pacífico

Psiu, grita baixo, não me acorde a criança! Grita devagar... (*dá-lhe*)

MANUEL

(*gritando*)

Ai, ai!

PACÍFICO

O pior é berrar. Não me acorde a cria!

MANUEL

Senhor, se é por ordem do Sr. Abel...

PACÍFICO

Qual Abel, nem Caim! Isto cá é por minha conta e de Madalena.

MANUEL

Da Madalena!

PACÍFICO

Da Madalena sim, sô sacrista das dúzias, a quem tu queres seduzir. Mas primeiro há de levar-me o diabo, ou eu não jurei bandeira!

MANUEL

Mas, senhor, aqui há engano!

PACÍFICO

Enganar-me queres tu, sô escorropicha-galhetas!

MANUEL

Eu não quero seduzir a senhora Madalena.

PACÍFICO

Não? E esta carta?

MANUEL

(*examinando a carta*)

Esta carta não era para ela.

PACÍFICO

Então para quem era?

MANUEL

Era para...

PACÍFICO

Fale-me depressa, sô papa-bicos.

MANUEL

Era... (*à parte*) Mas quem será este sujeito? Talvez amante de Madalena.

PACÍFICO

Ah, estudas o que hás de dizer? Pois vai te lembrando... (*dá-lhe*)

MANUEL

(*muito depressa*)

Era para D. Rita, a filha do velho.

PACÍFICO

(*largando-o*)

Ah, era para D. Rita?

MANUEL

Tinha pedido à senhora Madalena que lha entregasse.

PACÍFICO

Ah, a Madalena tem mais essa prenda? E a senhora dona Rita lhe corresponde?

MANUEL

(*com fatuidade*)

Sim senhor.

PACÍFICO

Ora, bem se diz que as mulheres escolhem o pior.

MANUEL

Nem todas. A Sra. Madalena, por exemplo, pelo que me parece, tem bom gosto.

PACÍFICO

Achas?

MANUEL

Oh, pois não!

PACÍFICO

Dá cá um abraço. (*abraça-o*) Muito bem; vieste pela Rita, e eu pela Madalena. Muito bem; temo-nos entendido, isto é, se o que disseste é verdade. Quando não, dou-me por desentendido e leva tudo a degola. Elas não tardam...

Cena X

ABEL

(*dentro*)

Ó Madalena, alumia esta escada.

PACÍFICO

Aí vem, o velho! Com os diabos!

MANUEL

Se aqui nos encontra, estamos perdidos!

PACÍFICO

Toca a esconder!

MANUEL

Eu vou para debaixo da cama.

PACÍFICO

E eu para cima. (*fazem o que dizem. Manuel esconde-se debaixo da cama, e Pacífico, deitando-se, cobre-se com os lençóis, tapando a cara, e finge que dorme*)

ABEL

(*dentro*)

Madalena? (*aparecendo à porta, seguido de Rita*) Querem ver que saiu?

RITA

(*entrando*)

Está dormindo.

ABEL

E deixou a porta aberta. Forte estouvada!

RITA

Madalena?

ABEL

Não a acordes, que passa muitas noites em claro com teu filho.

RITA

Para isso ganha meu dinheiro. Deixe mandar ver se o menino está molhado. (*chegando-se para a cama*) Madalena? (*sacudindo-a*) Madalena? Que sono!

MANUEL

(*debaixo da cama, puxa-lhe pelo vestido*)

Ritinha?

RITA

(*espantando-se*)

Ah!

MANUEL

Sou eu… (*esconde-se*)

ABEL

O que é?

RITA

Nada, não senhor. Que imprudente!

ABEL

Por que gritaste?

RITA

Foi uma pontada que me deu aqui do lado.

ABEL

É da umidade que apanhaste. As ruas estão incapazes, cheias de lama. Não só não nos deixaram ir à missa, como te fizeram doente. Vai-te despir e deitar, e afumenta-te (sic)...

RITA

Julgo que será melhor... Como o pequeno está quieto, deixemos a Madalena a dormir. Boa-noite, meu pai. (*toma-lhe a bênção*)

ABEL

Até amanhã.

RITA

E meu pai não se vai deitar?

ABEL

Vou, sim.

RITA

Boa-noite.

ABEL

Boa-noite, filha. (*vai fechar a porta do fundo*)

RITA

(*à parte*)

Eu voltarei... (*entra no seu quarto, à direita*)

Cena XI

ABEL, MANUEL *e* PACÍFICO, *escondidos.*

ABEL

(*espiando*)

Estou só com ela. A Rita vai se deitar, porém o mais prudente é voltar quando ela estiver dormindo. Não quisera que minha filha, por coisa nenhuma deste mundo, suspeitasse de meu amor por esta feiticeira ama. (*chegando-se para a cama de Madalena*) Como dorme! Que tranqüilidade! Como respira docemente! Parece que seu hálito embalsama este aposento! Ah, que se não fosse minha filha, casava-me contigo... (*chamando-a devagar*) Madalena? Madaleninha? (*sacudindo*) Meu anjinho... (*Pacífico faz que espreguiça-se e dá com a mão na cara de Abel*) Ai, ladrãozinho, que me bateste! Mas pancadas de amor não matam, não....

RITA

(*dentro*)

Joana, ó Joana?

ABEL

A Rita está chamando pela mucamba, para se despir. O mais prudente é eu voltar logo; porém primeiro hei de dar-lhe um beijinho nesta fronte tão cândida e tão pura. (*chega-se para Pacífico e dá-lhe um beijo na testa*) Como é doce! Até já... (*sai pela esquerda, atravessando a cena, esfregando as mãos de contente*)

Cena XII

PACÍFICO *e* MANUEL

PACÍFICO

O diabo do velho babou-me a testa!

MANUEL

(*espiando, debaixo da cama*)

E que lhe parece o velho?

PACÍFICO

Fiem-se em velhos! Se eu fosse a Madalena, estava arrumado.

MANUEL

(*rindo-se*)

Ah, ah, ah!

PACÍFICO

Você ri-se? O caso estava ficando sério. E ainda não sei o que será. Ele prometeu voltar. Que diabo de velhinho! Mas vê lá, se a tua vier, nem uma palavra sobre mim; quando não, mato-te.

MANUEL

Cale-se, que aí vem gente! (*esconde-se*)

PACÍFICO

(*deitando-se e cobrindo-se*)

Se é o velho outra vez e bole comigo, enfio-lhe a espada pela barriga antes que ele se adiante muito.

Cena XIII

Entra RITA *com cautela.*

Rita

(*entrando*)

É preciso falar-lhe! Assim se arrisca por mim! Como me ama! (*chegando-se para junto da cama*) Madalena dorme. (*chamando com cautela*) Sr. Manuel?

Manuel

(*aparecendo*)

Ritinha!

Rita

Saia para fora, mas devagar; veja, não acorde Madalena.

Manuel

(*saindo de baixo da cama*)

Ela não acordará.

Rita

Que imprudência, assim esconder-se! Se meu pai o tivesse visto... Vá-se embora.

Manuel

A tanto não me arrisquei para me ir assim.

Pacífico

(*diz, como à parte*)

O que quererá o sacrista fazer?

Rita

E que pretende você?

Manuel

Pouca coisa: saber se te casas ou não comigo.

RITA

Já te disse muitas vezes o que punha obstáculo à nossa união. Casei-me contra a vontade de meu pai e fui desgraçada. Dois anos estive casada e dois anos vivi martirizada, porque meu marido era um demônio de gênio. Deus o levou para meu sossego.

MANUEL

E foi muito bem levado.

RITA

Enquanto estive casada, meu pai abandonou-me, para castigar-me assim de minha desobediência; mas viúva, chamou-me ele para junto de si com meu filho. Esqueceu-se de minha ingratidão, e acolheu-me com braços paternais, e eu, para reconhecer tanto amor, jurei não me casar de novo, sem o seu consentimento.

MANUEL

Isso não são coisas que se jurem, porque nesses negócios, quem jura, perjura.

RITA

Nem todos. Eu cumprirei meu juramento. Hei de me casar, mas com a sua aprovação.

MANUEL

Assim, já vejo que não arranjo nada. Teu pai não consentirá nunca que te cases comigo; não por mim, mas enfim, pelo meu ofício – um sacristão...

RITA

Pois deixa de ser sacristão.

MANUEL

E o que hei de eu ser?

RITA

Empregado público.

MANUEL

Lembras muito bem, e não vejo a razão porque não hei de alcançar um bom emprego. Olha, eu conheço um sapateiro, dois alfaiates, dois marceneiros, um tanoeiro, um sirgueiro (sic) e um ourives que deixaram, todos, os ofícios, e todos estão muito bem arranjados! E eu lhes dou razão, porque enfim é melhor trabalhar das dez horas até as duas, e londrear (sic) toda a tarde, e namorar, do que suar todo o dia no ofício.

RITA

E demais, fizeram muito bem. Quem tem padrinho...

MANUEL

... Não morre mouro. Assim é, e além disso, os ofícios cá na nossa terra já nada dão; a concorrência de estrangeiros é grande. Só os empregos públicos é que são para os filhos do país, e isso mesmo... Enfim, está dito, vou pedir um emprego, e com empenho se faz tudo entre nós.

RITA

E então não duvido que meu pai dê o seu consentimento. No entanto, se daqui até lá alguma circunstância nos favorecer...

Manuel

Nós aproveitaremos, e... (*a criança chora*)

Rita

Lulu está chorando. Espere, enquanto eu chamo Madalena para lhe dar de mamar.

Manuel

Vai chamá-la.

Rita

Sim. Não ouve o menino que chora. Meu pai pode acordar. (*caminhando para a cama*) Madalena, Madalena? Vem dar de mamar ao menino. Como dorme!

Manuel

Aí vem o velho!

Rita

Meu pai?

Manuel

Sim.

Rita

Apaga a lamparina! (*Manuel apaga a lamparina. Escuro*)

Pacífico

(*à parte*)

Já escapei de duas...

RITA

(*à parte, para Manuel*)

Saia, se puder... E silêncio! (*Rita encaminha-se para a direita e, parando, escuta. Manuel dirige-se para a porta do fundo, que acha fechada. O menino continua a chorar*)

Cena XIV

ABEL *e os ditos*

ABEL

(*aparecendo à porta da esquerda*)

Madalena? Apagou-se a lamparina e o menino chora. A Rita pode acordar. (*passa por entre Rita, que está à direita, e Manuel, que está à esquerda, e vai ao berço e toma a criança nos braços*)

RITA

(*à parte*)

É meu pai! (*sai pelo seu quarto e fecha a porta*)

MANUEL

(*à parte, ao mesmo tempo*)

É o velho!

ABEL

(*com o menino nos braços*)

Não chores. (*indo para Madalena*) Madalena, acorda, dá de mamar ao pequeno. Levanta-te, ladrãozinho, vem dar de mamar.

Pacífico
(*à parte*)
Esta agora é melhor...

Abel
Levanta-te, toma o pequeno.

Pacífico
(*sentando-se na cama e espreguiçando-se*)
Hum!

Abel
Pega, acalenta-o, enquanto eu vou buscar luz.

Pacífico
(*à parte*)
Luz agora seria bonito! Melhor é dar-lhe de mamar no escuro... (*toma o pequeno e levanta-se*)

Abel
(*seguindo-o no escuro*)
Espera, olha que te podes esbarrar com o pequeno.

Pacífico
(*à parte*)
Não é graça; estou com medo do velho no escuro.

Abel
(*procurando Pacífico no escuro*)
Madalena, vidinha, escuta.. .

Manuel
(*à parte*)
Ah, é esse o caso!

RITA

(*à parte*)

Meu pai namora a ama do meu filho, ah!

PACÍFICO

(*à parte*)

Eu largo o pequeno no chão, e safo-me! (*vai abaixar-se para deitar a criança*)

ABEL

(*nessa ocasião, encontra-se com ele*)

Ah, por que foges de mim, feiticeira? Em casa todos dormem; nós estamos no escuro e ninguém nos vê.

PACÍFICO

(*à parte*)

Sim, mas alguém nos ouve.

ABEL

Olha, eu posso fazer muito por ti... posso fazer-te feliz, muito feliz; mas dá-me um abraço! (*quer dar-lhe um abraço*)

PACÍFICO

(*empurra-o*)

Devagar! (*encaminha-se para o lado onde está Manuel*)

ABEL

Ingrata!

RITA

(*à parte*)

Quem tal diria!

ABEL

(*procurando*)

Hei de encontrar-te!

PACÍFICO

(*que se encontra com Manuel*)

Quem é?

MANUEL

Sou eu.

PACÍFICO

É o sacrista? Toma o pequeno. (*dá-lhe o pequeno*)

MANUEL

Mas...

PACÍFICO

Caluda!

ABEL

(*procurando*)

Madaleninha, minha vida! (*Pacífico dirige-se para o fundo*)

MANUEL

(*à parte, com o pequeno nos braços*)

No que dará isto?

ABEL

(*encontrando-se com Manuel, o segura pela sotaina*)

Ah, Pilhei-te! Cruel, por que me foges?

MANUEL

(*à parte e forcejando para livrar-se de Abel*)

E então? Agora é comigo...

ABEL

Não vês que estou mirrado por ti?

MANUEL

(*à parte*)

Eu dou-lhe com o neto pelas ventas!

ABEL

Só um beijo, já que não queres ouvir, e vou-me embora. (*quer dar-lhe um beijo. Manuel suspende o menino nos braços e lho apresenta. Abel dá um beijo no pequeno, supondo ser em Madalena*) Como é gostoso! Outro, outro! (*vai dar outro beijo no pequeno, e querendo ao mesmo tempo abraçar ao que ele supunha Madalena, fica com o pequeno nas mãos*)

MANUEL

(*à parte e caminhando para a esquerda*)

Beija à tua vontade.

ABEL

O que é isto? Ah, marota, assim me enganas! E dei um beijo... O que me vale é ser de criança... Deixaste-me com o pequeno; mas espera, que mesmo no escuro te acharei. Ai, ai, que esta pestinha molhou-me todo! Faltava-me esta! (*Manuel, Rita, Pacífico, ouvindo o velho assim falar, riem-se*) Ah, você rise? Veremos quem se há de rir por fim. Mas é bemfeito que tal me aconteça, porque bem diz o ditado:

Quem dorme com criança, amanhece... Não preciso dizer como, porque cá o sinto. Madalena, toma tua cria, senão largo-o no chão, antes que faça pior.

RITA
(*à parte*)

Meu filho no chão! (*dirige-se a encontrar-se com Abel*)

ABEL

Então? (*encontrando-se com Rita*) Ah, brejeirinha! (*Rita toma o filho dos braços de Abel e aparta-se com ele*) Ah, assim mangas comigo? Vou buscar uma vela. (*aqui batem à porta com cautela*) Batem! (*escuta, e tornam a bater*) Não há dúvida!

RITA
(*à parte*)

Quem será?

MANUEL
(*à parte*)

Mau...

PACÍFICO
(*à parte*)

É a Madalena! (*batem*)

ABEL

Quem é?

MADALENA
(*dentro, disfarçando a voz*)

Sou eu.

ABEL

Respondem! Quem será? Vou buscar a luz. (*sai pelo seu quarto*)

Cena XV

RITA, MANUEL *e* PACÍFICO *no escuro*

PACÍFICO

Onde diabo me hei de eu esconder?

MANUEL

Que farei?

RITA

Madalena? Madalena?

PACÍFICO

(*à parte*)

Temos a outro com Madalenas...

MANUEL

Ó Ritinha? Ritinha?

RITA

(*encontrando-se com Manuel*)

Silêncio, que meu pai aí vem. Toma o pequeno, entregue-o a Madalena. Que o deite no berço, e você, esconda-se neste quarto à direita e adeus. (*entrega-lhe o pequeno e sai pelo seu quarto*)

MANUEL

Ó Ritinha, espera! Foi-se, e deixou-me com a lesma nos braços! Madalena? Qual Madalena! Camarada? Ó camarada?

PACÍFICO

Que é lá?

MANUEL

Onde estás? (*encontrando-se com ele*) Ah, toma!

PACÍFICO

O quê? (*Manuel deixa-lhe o pequeno nos braços e afasta-se para a esquerda*)

MANUEL

Que lá se avenha.

PACÍFICO

Ah, tratante, pensas que eu sou ama-de-leite?

MANUEL

Arranja-te como puderes, que aí vem o velho. (*entra no primeiro quarto à direita*)

PACÍFICO

(*com o pequeno nos braços*)

Eu largo a carga (*deita o pequeno no chão*) e safo-me. Mas para onde? Aquele quarto... (*dirige-se para o quarto onde entrou Manuel*)

Cena XVI

Entra ABEL *com uma vela.*

ABEL

(*vendo ainda Pacífico correr para o quarto*)

Madalena? Meu netinho no chão! A desavergonhada... (*tomando nos braços o pequeno, que está no chão*) Só para fugir-me... (*chegando-se para a porta por onde saiu Pacífico, a qual está fechada por dentro*) Deixa estar, Madalena, que me hás de pagar! Amanhã boto-te pela porta afora. (*batem*) Já vou! Verás se assim se despreza o meu amor... E se assim se trata do meu neto. (*vai para a porta do fundo*) Quem bate?

MADALENA

(*dentro*)

Sou eu.

ABEL

Eu quem?

MADALENA

(*dentro*)

Abra!

ABEL

E esta? A voz parece-me de mulher... Serão ladrões? Qual, não se atreveriam a andar pela rua às horas da missa do galo. Vejamos quem é. (*abre a porta*)

Cena XVII

MADALENA *e* ABEL

MADALENA

(*entrando e vendo Abel, fica surpreendida*)

Ah! (*Abel, vendo entrar Madalena, de susto deixa cair o pequeno no chão e fica sem poder falar, ora olhando para Madalena, ora para a porta do quarto onde entrou Pacífico. Madalena, apanhando o pequeno no chão, que chora*) Meu filhinho! (*embala-o nos braços*) Estou perdida! Senhor, perdoai-me, se deixei o menino por alguns instantes. Não pude resistir; quis também ver a missa do galo. Juro que será a última vez este ano... Mas por que este espanto? Que quer isto dizer? Aponta para o quarto... Senhor!

ABEL

(*gaguejando de medo*)

Madalena, tu não entraste por ali? (*apontando para o quarto*)

MADALENA

Não senhor, entrei por ali. (*apontando para o fundo*)

ABEL

Então foi minha filha. Que vergonha, que vergonha para um pai! Que vexame! Que dirá de mim a Ritinha? Quero-lhe pedir perdão. Dá cá este menino, que será o meu penhor. (*tira o pequeno dos braços de Madalena arrebatadamente*)

MADALENA

Não mate o menino!

ABEL

(*dirige com o pequeno nos braços para junto da porta por onde saiu Pacífico, e aí chegando, ajoelha-se com a cara voltada para a porta*)

Filha, às vezes um pai deve humilhar-se diante de seus filhos, quando pratica uma ação que o rebaixa aos olhos daqueles a quem deve bons exemplos. Eis-me humilhado diante de ti. A natureza é fraca... Tomei-te por Madalena e disse-te coisas que me fazem agora corar de vergonha. Abre esta porta e vem abraçar teu pai em sinal de esquecimento. Aqui está teu filho, meu netinho, que me deveria fazer lembrar que estou velho para não praticar ações indecorosas. Perdoa-me, por amor dele! Abre, abre esta porta! (*enquanto Abel está de joelhos junto da porta e fala, Rita entra pela porta de seu quarto, e depois de falar com Madalena em segredo, dirige-se para junto do pai*)

RITA

Meu pai! (*Abel volta a cabeça e, vendo Rita atrás de si, dá um grito, levanta-se e deixa cair o pequeno no chão. Rita, apanhando o pequeno*) Meu filho!

ABEL

Rita! Rita por trás de mim, quando eu esperava por diante!

RITA

(*sem dar atenção ao pai e beijando o filho*)
Meu amor, meu anjinho! Coitadinho!

ABEL

(*pegando no braço da filha com violência*)
Rita!

RITA

Não machuque o meu filho!

ABEL

Tu não saíste por aqui? (*apontando para a porta*)

RITA

Não senhor, saí por ali.

ABEL

Ah, todos saíram por todas as partes, menos por aqui, e no entanto eu vi... Já sei, é um ladrão, é um ladrão que se introduziu em minha casa vestido de mulher!

RITA

Um ladrão!

MADALENA

(*ao mesmo tempo*)

Um ladrão!

ABEL

Sim, um ladrão, que deu de mamar ao pequeno para me enganar! Mas hei de vingar-me! (*Caminha nas pontinhas dos pés para junto da porta e, aí chegando, dá com rapidez uma volta na chave*)

RITA

(*à parte, enquanto o pai dirige-se para a porta*)

Pobre Manuel!

MADALENA

(*no mesmo*)

O que será do meu Pacífico?

ABEL

(*dando volta na chave*)

Está preso! Ah, agora verás! Rita, Madalena, esperem aqui um instantinho, que eu já volto, e tenham olho na porta! Ele não é capaz de arrombá-la, nem o quarto tem saída. Vou chamar a primeira ronda que encontrar. Oh, não me há de escapar!

RITA

Meu pai, ouça...

MADALENA

(*à parte, para Rita*)

Deixá-lo ir.

ABEL

Eu volto em um pulo. Olho na porta! (*sai correndo*)

Cena XVIII

RITA *e* MADALENA

MADALENA

Minha ama, perdoe-me!

RITA

Fizeste mal em deixá-lo entrar, mas agora é preciso salvá-lo.

MADALENA

Oh, muito obrigado, minha boa senhora. Abramos a porta. Pobre Pacífico!

RITA

(à parte)

Pobre Manuel! *(vão ambas abrir a porta, e saem por ela Manuel e Pacífico já sem vestido)*

RITA e MADALENA

(espantando-se)

Ah, são dois!

PACÍFICO

Madalena!

MANUEL

(ao mesmo tempo)

Ritinha!

RITA

O que é isto, Madalena?

MADALENA

Senhora, um é meu...

PACÍFICO

Sou eu. *(chegando-se para Madalena)*

MANUEL

(para Rita)

E o outro é teu. *(chegando-se para Rita)*

RITA

Mas...

MANUEL

Não temos tempo para explicações.

PACÍFICO

Demos graças a Deus, se o tivermos para nos pormos ao fresco.

MADALENA

Eles têm razão, senhora. Seu pai não tarda com soldados, e se os pilha, estamos todos perdidos.

PACÍFICO

A Madalena tem razão. Toca a debandada! (*toma a barretina e espada, que estão debaixo da cama e dirige-se para a porta do fundo*)

MANUEL

(*para Rita, enquanto Pacífico tira a barretina de baixo da cama*)

Ritinha, pede a Deus que morram de hoje para amanhã quatro oficiais de secretaria, que eu me encaixarei em um dos lugares... E adeus! (*dirige-se para a porta do fundo; aí chega junto com Pacífico e, querendo empurrar a porta, a encontram fechada*)

AMBOS

Está fechada!

RITA

Fechada? Como há de ser?

MANUEL

Isso pergunto eu.

PACÍFICO

E eu também. O que havemos fazer?

RITA

Não sei, não sei, meu Deus! E meu pai não tarda!

PACÍFICO

(*puxando da espada*)

Não há remédio senão cutilar o velho.

MADALENA

Pacífico!

MANUEL

E eu, o que posso fazer é encomendá-lo e enterrá-lo...

RITA

Senhor!

MADALENA

Escutem. Não se aflija, minha senhora. (*para os dois*) Entrem os senhores ambos por esta porta, (*aponta para o quarto de Rita*) passem o primeiro e o segundo quarto, tomem por um corredor que está à direita, no fim há uma janela que deita para rua; abram-na e saltem por ela.

PACÍFICO

És uma pérola!

MANUEL

(*para Rita*)

Adeus, até sempre!

PACÍFICO

Anda, sacrista! (*saem ambos correndo pela direita*)

Cena XIX

RITA e MADALENA

RITA

Madalena, e nós? Meu pai não tarda, e não achando ninguém no quarto...

MADALENA

Tenho cá meu plano. Minha ama quer se casar com o Sr. Manuel Igreja?

RITA

Bem sabes quanto eu o amo.

MADALENA

Então está tudo arranjado.

RITA

Mas como?

MADALENA

Seu pai mostrou-se há pouco muito envergonhado, e de joelhos diante daquela porta lhe pedia perdão, só porque supunha que a encontraria lá dentro. Alguma fez ele por cá...

RITA

Tomou os dois por ti... E tudo eu ouvi.

MADALENA

Tanto melhor. Agora é preciso envergonhá-lo mais.

RITA

E para quê?

MADALENA

Um pai, quando pratica uma ação vergonhosa diante de seus filhos, põe-se debaixo de sua dependência e não tem remédio senão fazer-lhes a vontade. O ponto é saber-se tirar partido do segredo.

RITA

E o que faremos?

MADALENA

Entrarmos neste quarto e esperar que ele venha com os soldados e que nos encontre lá.

RITA

Mas...

MADALENA

Dê cá o menino, que ele não tarda. (*toma o pequeno nos braços de Rita e o vai deitar no berço*)

RITA

Não sei se devemos fazer...

MADALENA

Pois eu sei que devemos; quando não, passaremos por cúmplices de ladrões, porque lhes demos escapula, e ficaremos desacreditadas. Silêncio, ouço passos! Venha, venha. (*as duas entram no quarto em que estiveram os amantes*)

Cena XX

Abre-se a porta do fundo e por ela entra ABEL, *seguido de* PACÍFICO, MANUEL *e uma patrulha.*

ABEL

(*à porta*)

Entre, Sr. Manuel. E seu amigo, também pode entrar. (*encaminham-se para a frente*) Muito estimei encontrá-los junto de minha casa.

MANUEL

Vínhamos da missa, lá da banda de cima.

PACÍFICO

(*à parte, para Manuel*)

Por pouco que não nos pilha saltando a janela.

ABEL

Desculpe-me, se os interrompi no seu caminho; mas necessitava dos senhores, e entre amigos...

MANUEL

Pode dispor de nós.

ABEL

Obrigado. (*pegando na mão de Manuel*) Meu amigo, tenho ladrões em casa!

MANUEL *e* PACÍFICO

Ladrões em casa?

ABEL

Sim, e naquele quarto, que eu mesmo os fechei.

MANUEL *e* PACÍFICO

Naquele quarto? Então vamos a eles. (*Manuel arregaça as mangas e Pacífico puxa da espada – tudo isto com muito espalhafato – e dirigem-se ambos para a porta do quarto*)

ABEL

(*retendo-os*)

Esperem, amigos.

MANUEL

Nada, deixe-me, que os levo a cabeçadas.

PACÍFICO

E eu a fio de espada.

ABEL

(*retendo-os*)

Por quem são, não se exponham assim! Agradeço-lhes o zelo. Eu disse um ladrão. Quem sabe se não é uma quadrilha inteira? É preciso prudência e tática. Olhe, o senhor (*para Pacífico*) ficará aqui. (*coloca-o junto do ponto*) Meu amigo Manuel, aqui. (*coloca-o junto de Pacífico*) Os senhores oficiais, por aqui. (*coloca-os em semicírculo, desde a porta do quarto até junto de Manuel*) E eu ficarei entre meu amigo e o senhor, mas como não tenho arma, o senhor (*para um dos soldados*) fará o favor de emprestar-me a sua espingarda. Eu é que estou mais exposto. (*toma a espingarda do soldado e mete-se entre Manuel e Pacífico*) Agora façam o favor de calar baionetas. (*os soldados calam baioneta*) O camarada que está sem espingarda terá a bondade de abrir a porta e fazer-lhes a intimação para se entregarem. (*o soldado dirige-se para a porta do quarto, e dando uma volta na chave e empurrando a porta, esta se abre*)

SOLDADO

Quem quer que esteja aí dentro, saia para fora e nada de resistência!

ABEL

Sentido, amigos!

SOLDADO

Então, não respondem? Em nome da lei, rendei-vos; quando não...

ABEL

Quando não, faremos fogo! (*metendo a espingarda à cara*)

Cena XXI

Aparecem à porta do quarto RITA *e* MADALENA.

RITA

O que é isto?

MADALENA

(*ao mesmo tempo*)

Então, o que temos?

ABEL

Ah! (*deixa cair a espingarda no chão, de surpreendido, e fica estático como D. Bartolo no* Barbeiro de Sevilha, *conservando os braços na posição em que sustentava a espingarda*)

PACÍFICO

São estes os ladrões? Ah, ah, ah! (*ri-se às gargalhadas*)

MANUEL

Ah, ah, ah! (*rindo-se às gargalhadas, e o mesmo fazem todos os soldados*)

RITA

(*caminhando para ele*)

Meu pai, meu pai, o que tens?

MADALENA

Oh, como ficou!

RITA

Meu pai, volte a si! Sou eu! meu Deus! Madalena, aí está o que fizeste!

MADALENA

Ah, senhor! (*querendo abaixar-lhe o braço*) Como está duro!

RITA

Meu Deus, meu Deus! Senhor Manuel!

MANUEL

(*sacudindo-o*)

Ah, senhor Abel!

PACÍFICO
(*no mesmo*)

Então, o que é isto? Está galante! (*grupam-se todos ao redor de Abel e principiam uns a assoprarem-lhe a face, outros a sacudirem-no, etc.*)

MANUEL

Parece morto!

RITA

Meu pai?

PACÍFICO

Como diabo ficou ele estatelado!

MADALENA

Mau vai isto!

RITA

Meu pai, fui eu que lhe dei escapula do quarto; sou a culpada! Não era ladrão, era o Sr. Manuel que lá estava e que veio por mim. Diga-lhe, diga-lhe isto, senhor Manuel.

MANUEL

Sim senhor, Sr. Abel, era eu. Vim para ver sua filha e o senhor tomou-me pela Madalena. (*Abel abaixa os braços e como que vai tornando a si*) Já se mexe...

RITA

Meu bom pai, perdoai-me, fui eu a culpada! Por causa dela.

MADALENA

E eu também, por causa dele...

MANUEL

E mais eu, por causa dele...

PACÍFICO

Creio que o remédio faz efeito... Então, também eu, por causa dela. E fui o primeiro. Tratei da criança, levei abraços... Não se lembra que me foi acordar naquela cama? Madaleninha!

ABEL

(*que tem tornado a si*)

Oh, estou traído!

RITA

(*suplicante*)

Meu pai!

ABEL

(*recuando, enfurecido*)

Deixai-me!

RITA

Perdoai-me!

MADALENA

(*ao mesmo tempo*)

Perdoai-me!

PACÍFICO

(*ao mesmo tempo*)

Senhor!

MANUEL
(*ao mesmo tempo*)

Senhor!

ABEL

Deixai-me, deixai-me! (*vai recuando, enfurecido*)

RITA, MADALENA, MANUEL, PACÍFICO *e* SOLDADOS

Senhor!

ABEL

Deixai-me! (*todos o seguem suplicantes, e de tão cego está de furor, que, sem dar atenção ao berço, dá com as costas sobre ele e o atira no chão com o pequeno e cai por cima*)

TODOS

Ah!

RITA *e* MADALENA
(*correndo para acudirem ao pequeno*)

Meu filho! (*Manuel e Pacífico acodem Abel; o soldado levanta o berço; Rita e Madalena tiram o pequeno de baixo do velho e com ele caminham para junto da mesa e aí Rita se assenta, tendo-o nos braços*)

RITA

Meu filho, meu filho! Está sem sentido, morto!

MADALENA

Meu Deus!

RITA

Água fria, água fria, Madalena! (*Madalena toma o moringue que está sobre a mesa e o derrama sobre a cabeça do pequeno. Enquanto as duas estão ocupadas em fazerem o pequeno tornar a si, Manuel e Pacífico levantam Abel e, sustendo-o pelos braços, conduzem-no para frente da cena*)

MANUEL

Então, Sr. Abel, parece-se criança. Que é isto? Por tão pouco!

PACÍFICO

O caso não é de matar crianças. Toma a coisa tão em grosso!

RITA

Está morto!

TODOS

Morto? (*encaminham-se para junto de Rita*)

ABEL

Meu neto morto! E fui eu, desgraçado!

MADALENA

Está vivo, está vivo!

TODOS

Vivo! (*Abel arrebata a criança dos braços de Rita e o cobre de beijos. Todos, para Abel*) Não o mate!

ABEL

Pobre inocente, que tanto tens sofrido esta noite pelos nossos desvarios! Que culpa tens tu, pobre anjinho, que sejamos todos loucos? Filha, o teu proceder foi criminoso, e só casando-te com este homem darás uma satisfação ao público.

MANUEL

Ritinha! (*vai para junto dela*)

ABEL

(*para Madalena*)

E tu, mulher vil, já desta porta para fora!

RITA

E quem há de criar meu filho?

ABEL

Eu! (*Pacífico e Madalena riem-se às gargalhadas. Abel, indo para Pacífico*) Insolente! (*Pacífico bota a mão à espada e quer desembainhá-la; Madalena retém-lhe o braço. Abel, vendo Pacífico lançar mão da espada, levanta a criança nos braços e ameaça-o com ela, o que vendo Rita corre para ele*)

RITA

Meu pai!

PACÍFICO

Há mais tempo que com esta cara e com estes anos devias te empregar em desmamar crianças, e não em namorar.

ABEL

Tem o senhor muita razão.

PACÍFICO

(*para Madalena*)

Vamos, que terás muito onde te alugares. (*Pacífico toma Madalena pelo braço e vai saindo*)

ABEL

(*principia a passear de um para outro lado, embalando a criança nos braços e cantando*)

Menino bonito… (*etc. Rita olha para ele, sorrindo-se. Pacífico e Madalena param na porta do fundo e riem-se, e nisso abaixa o pano*)

FIM

O USURÁRIO

[Comédia em 3 atos]

[1846]

PERSONAGENS

DANIEL, *usurário*
LUCINDA, *sua filha*
BERNARDO PEREIRA
CLOTILDE, *sua filha*
MATEUS PEREIRA
CÂNDIDO, *seu sobrinho, estudante de medicina*
ADOLFO, *idem, estudante da aula de comércio*
FREDERICO, *estudante de marinha*
CLEMENTE, *estudante militar*

ATO I

(*Sala em casa de Mateus Pereira, com portas laterais e no fundo.*)

Cena I

Ao levantar do pano, FREDERICO, *trepado em uma escada e ajudado de mais dois estudantes, acaba de forrar a sala de preto. No meio da sala haverá uma essa com seus tocheiros e em cima um caixão vazio; à esquerda,* ADOLFO *veste uma mortalha em* CLEMENTE, *enquanto* CÂNDIDO *lhe apolvilha a cara; à direita, uma mesa posta com comidas e vinhos, e junto à porta da esquerda um grande baú.*

FREDERICO
(*de cima da escada*)

A minha tarefa está quase acabada. (*bate com o martelo*)

CÂNDIDO

E a nossa também. (*continua a apolvilhar a cara de Clemente*)

CLEMENTE

E a minha ainda não principiou. Cuidado, que me enches os olhos de polvilho!

CÂNDIDO

Não faz mal, porque és defunto.

CLEMENTE

E tu não me apertes tanto a barriga!

ADOLFO

Os mortos não sentem.

CLEMENTE

(*espirrando*)

Mas espirram. Basta de polvilho.

CÂNDIDO

Que guapo defunto que estás!

ADOLFO

Só te falta a catacumba.

CLEMENTE

Estás enganado; falta-me um copo de vinho. Ardo de sede. (*vai para a mesa, deita vinho no copo e bebe*)

CÂNDIDO

Magnífico! Pareceria morto, se não andasse.

ADOLFO

É de assustar a um coveiro.

FREDERICO

(*que tem descido da escada*)

Ah, ah, ah! Como bebe! Que folgazão defunto!

ADOLFO

Despede-se da vida.

CÂNDIDO

Faz provisão para viagem.

CLEMENTE

(*com majestade*)

Os bens da vida devem-se gozar, que a morte é certa! Que moralidade! O caixão nos espera e os prazeres nos fogem. Que estupenda moralidade! A fome aperta-me e este frango me convida. (*tomando um frango que está sobre a mesa e dando-lhe uma dentada*) Que estupendíssima moralidade!

FREDERICO

Bravo o defunto! (*riem-se*)

CÂNDIDO

À mesa, rapaziada, que a morte devora tudo.

ADOLFO

Vejam a porta.

CÂNDIDO

Está fechada. Não há que recear. À mesa! (*assentam-se todos à mesa e principiam a servir-se*)

CLEMENTE

(*sentando-se à cabeceira da mesa*)

Eu cá sou o presidente, e como tal respeitem-me!

ADOLFO

Apoiado!

FREDERICO

Peço a palavra.

CLEMENTE

Onde ouviste, pedaço de asno, que um defunto desse a palavra? (*riem-se*)

ADOLFO

Tem Vossa Senhoria razão.

CLEMENTE

Eis aqui um homem razoável.

CÂNDIDO

E como nos havemos de entender, se falarem todos ao mesmo tempo?

CLEMENTE

Olhem que simplório! Para isso é que eu estou aqui. Em vez de dar a palavra, imporei silêncio quando falarem demais.

TODOS

Bravo! (*batem palmas*)

ADOLFO

Bem achado!

FREDERICO

A morte impõe silêncio.

CÂNDIDO

Ainda aos mais tagarelas.

CLEMENTE

Por isso não seria mau que os presidentes de nossas câmaras fossem todos defuntos. Em vez de dizerem: Tem a palavra o ilustre preopinante, gritariam: Caluda!, e não se perderia tanto tempo com palavrórios inúteis.

FREDERICO

Isso são idéias do outro mundo.

CLEMENTE

As deste já não prestam, estão velhas, que a sepultura... Defenda-se.

CÂNDIDO

Não tenho tempo; tratemos do que mais vale a pena.

FREDERICO

Olhem que sátira.

ADOLFO

E eu sou de opinião que...

CLEMENTE

Caluda! (*silêncio*) Bravo! Que efeito mágico! Sou eu quem falo. Meus filhos, digo meus filhos, porque todos são filhos da morte, segundo nos ensina Beroul na sua Aritmética. Meus filhos, ao redor desta mesa, alumiados pela fúnebre luz destes tocheiros, estão reunidos quatro representantes das quatro mais respeitáveis corporações do vasto Império do Brasil. Tu, Cândido, fazes o orgulho do terceiro ano da Escola de Medicina. Tu, Frederico, és a delícia da Academia de Marinha. Tu, Adolfo, és apontado com prazer pelos teus companheiros na aula do comércio. E esse seu criado, é, ou foi, a quinta-essência do gaiatismo da Academia Militar. Ó Largo de São Francisco, que presenciaste minhas proezas, quando te verei eu?

CÂNDIDO

Quando ressuscitares.

CLEMENTE

Toma esta asa de frango. Se esta cidade soubesse, se este Império desconfiasse que quatro estudantes estavam aqui reunidos e tramando, tremeria em seus fundamentos; mas pode a cidade ficar tranqüila, pode o Império dormir em paz; um homem, um animal sórdido e miserável, um larápio infame, um cão despiedoso, um usurário enfim nos tem aqui reunido e coligado. Ai dele!

CÂNDIDO

Abaixo o usurário!

TODOS

Abaixo!

CLEMENTE

Agora continua tu, Cândido; o caso é contigo.

CÂNDIDO

Meus amigos, creio que sabeis que estou louco de amor.

FREDERICO

Sabemos sim. Pela filha de Daniel, usurário; mas na verdade Cândido tem feito uma triste figura.

ADOLFO

Triste figura fazem sempre namorados.

FREDERICO

Vai lá para a casa, prega-se a minha janela e nem o mais ardente sol o faz desviar; mas honra lhe seja feita, a filha do usurário faz outro tanto. Deves-me estar muito agradecido, Cândido, por me haver mudado para junto de tua bela.

CÂNDIDO

Não sei como agradecer-te.

CLEMENTE

Ah, tu te mudaste para a vizinhança do usurário?

FREDERICO

Moro parede e meia. Que homem, amigos. Creio que não dorme; muitas vezes no silêncio da noite, ouço o tinir do ouro e o ruído dos cofres que se fecham, e o som compassado de seus passos como o de uma vigilante sentinela.

ADOLFO

Esse homem deve ser profundamente desgraçado, pois tem de velar sobre as duas coisas mais preciosas e cobiçadas no mundo: a riqueza e a beleza.

CLEMENTE

A sua riqueza é imensa.

FREDERICO

E a beleza da filha é admirável.

CÂNDIDO

Pois, amigos, essa imensa riqueza e essa beleza admirável serão minhas.

FREDERICO

Isso seria espantoso. Só se o matares.

CÂNDIDO

Menos que isso.

FREDERICO

Então duvido. Só a morte abre os cofres do usurário.

CÂNDIDO

Pois duvida ainda mais. O seu próprio dinheiro servirá para facilitar e pagar as despesas do meu casamento com sua filha.

FREDERICO

Ah, percebo! Esta armação, este defunto... Excelente, amigos, bebamos ao bom êxito da empresa! (*bebem*)

CLEMENTE

O diabo será se teu tio chega.

CÂNDIDO

Há dois dias que partiu para a sua fazenda em Macaé e lá nunca se demora menos de um mês.

CLEMENTE

Temo que se escandalize quando vier a saber que por cá o damos por morto e lhe fazemos o enterro.

CÂNDIDO

Não o conheces tu! Folgazão e desabusado como é, será o primeiro a aplaudir a minha lembrança.

ADOLFO

E tanto mais que o tio Mateus tem ódio de morte, não sei por quê, ao usurário Daniel.

CLEMENTE

Já vês, Frederico *mio*, que esta respeitável pessoa representa o corpo do respeitabilíssimo Mateus Pereira.

FREDERICO

Porém explica-me melhor. (*dão quatro horas*)

CÂNDIDO

Já não tenho tempo. (*levantando-se*) São quatro horas. Ele não deve tardar. (*levantam-se todos*)

FREDERICO

Quem?

CÂNDIDO

O usurário.

FREDERICO

Ah!

CÂNDIDO

Esta manhã escrevi-lhe uma carta na qual comunicava-lhe a morte de meu tio e pedia que tivesse a bondade de aqui chegar às quatro horas para negócio de seu interesse... E com esta palavra o levaria ao fim do mundo...

CLEMENTE

Creio ouvir passos no corredor embaixo!

CÂNDIDO

Sobe depressa!

CLEMENTE

Ajudem-me. (*sobe para a essa ajudado pelos três*) Cá estou.

ADOLFO

Deita-te.

FREDERICO

Ouço subir a escada.

CÂNDIDO

É ele! Avia-te, Clemente!

CLEMENTE

(*deitando-se no caixão*)

Para um defunto, parece-me que ando bem depressa. (*deitado*) Então, que tal fico?

ADOLFO

Estou quase rezando-te por alma.

CLEMENTE

Não brinque. (*Cândido e Frederico voltando do fundo onde foram abrir a porta*)

CÂNDIDO

Silêncio! Chorai.

Cena II

DANIEL *e os ditos*

DANIEL
(*dentro*)

Dá licença?

CÂNDIDO
(*com voz chorosa*)

Pode entrar. Toca a chorar!

Cena III

DANIEL *e os ditos*. FREDERICO *e* ADOLFO *à direita choram, assim como* CÂNDIDO, *que fica junto da essa.*

DANIEL
(*entrando*)

Senhores... (*os três continuam a chorar*) Muito sinto; essa desgraça cabe a todos no mundo. É preciso termos resignação.

CÂNDIDO

(*soluçando*)

Quando as pessoas que a morte nos rouba nos são tão caras...

DANIEL

Muito sofremos, mas o tempo...

CÂNDIDO

O tempo? (*chora*)

FREDERICO

(*chorando alto*)

Hi, hi, hi!

ADOLFO

(*no mesmo, abraçando-se com Frederico*)

Eh, eh, eh!

DANIEL

(*observando-os*)

São vossos amigos?

CÂNDIDO

Um é meu irmão, não o conhece?

DANIEL

Ah, sim!

CÂNDIDO

E o outro é meu amigo.

DANIEL

Muito sentem eles a morte do senhor vosso tio. Choram como crianças.

Cândido
(*à parte*)

Os diabos botam tudo a perder. (*alto*) A sua dor é justa; o defunto meu tio muito os estimava. A perda que fizeram é irremediável. (*os dois choram mais forte. Indo para eles*) Adolfo, meu mano. Frederico, meu amigo. (*abraçando*) Não vos entregueis assim à dor, é preciso termos coragem. (*à parte para eles*) Chorem mais devagar, com todos os diabos, senão ele desconfia. (*alto*) Já não há remédio.

Frederico

Só nós sabemos o que perdemos. (*enxuga os olhos*)

Adolfo

É verdade, só Deus e nós. (*enxuga os olhos*)

Cândido
(*à parte, para eles*)

Cuidado. (*indo para Daniel*) Perdoai-me, senhor, se vos obrigo a assistir cenas tão tristes. Uma carta vos escrevi...

Daniel

Participando-me a morte de vosso tio. Surpreendeu-me a notícia; ainda ontem o vi.

Frederico

Morreu esta noite de um ataque apoplético.

Daniel

Estas mortes espantam-me.

CÂNDIDO

É um raio.

ADOLFO

Quereis ver como ficou transtornada a sua fisionomia? (*vai para o caixão*)

DANIEL

Não, não! Far-me-ia desagradável impressão; não posso ver defuntos.

CÂNDIDO

Meu pobre tio! (*enxuga os olhos*)

DANIEL

Muito sinto tudo isto, mas o negócio que aqui me traz...

CÂNDIDO

Já na minha carta vos expus o que esperava de vossa bondade. Meu tio, morrendo, colocou-me em um terrível embaraço. Senhor de considerável fortuna em prédios, não deixou contudo moeda suficiente para que se lhe fizesse um enterro digno de sua pessoa. Desprovido de dinheiro, lembrei-me, como um de seus herdeiros que sou, de empenhar alguma prata de seu espólio para assim fazer face a esta despesa.

DANIEL

Ah, quer tomar dinheiro sobre penhor.

CÂNDIDO

É verdade, e quisera dar-vos a preferência neste negócio.

DANIEL

Muito agradecido, mas há certas formalidades a preencher-se, uma letra a assinar...

CÂNDIDO

Estou pronto.

DANIEL

E desejava ver a prata.

CÂNDIDO

Aqui a tenho já de antemão escolhida.

DANIEL

Vejamos. (*Cândido vai abrir a caixa e de dentro tira diversos objetos de prata*)

CÂNDIDO

(*mostrando*)

São salvas, bules, jarras, faqueiros e diversos outros objetos, como vê. É tudo de muito boa prata do Porto, que de outra não tinha meu tio.

DANIEL

(*examinando*)

A prata é boa, mas o feitio das peças é velho, e isto a deprecia.

FREDERICO

(*à parte, para Adolfo*)

Já ele principia a ciganar!

Cândido

O feitio é velho, mas o peso da prata é sempre o mesmo, e quando ela é boa...

Daniel

Sim, sim, mas pode alguma ter liga, e quando se dá dinheiro... Mas enfim, quanto precisa o senhor?

Cândido

Não seria muito exagerado avaliando todas estas peças em três contos de réis.

Daniel

Oh!

Cândido

Não sou exagerado, mas sei também que vosso dinheiro deve ter mais segurança; assim, pois, pedindo-lhe eu dois contos por um ano com um juro razoável, dando-lhe toda a prata por penhor...

Daniel

É impossível! Eu perderia neste negócio; na falta de pagamento, esta prata vendida não me daria um conto e duzentos.

Cândido

Zombais?

Frederico

(*à parte, para Adolfo*)

Olhem que tratante!

DANIEL

Bem sei o que digo, e para abreviarmos dar-lhe-ei seiscentos mil-réis, aceitando o senhor uma letra de um conto por seis meses.

CÂNDIDO

Oh, senhor!

ADOLFO
(*à parte*)

Que jurista!

FREDERICO
(*à parte*)

Que ladrão!

DANIEL

Isto é se quer; quando não, nada temos feito.

CÂNDIDO

Mas isto é um juro exorbitante!

DANIEL

Meu caro amigo, eu não o obrigo a que aceite o meu dinheiro, e se dele precisa, deve sujeitar-se às minhas condições.

CÂNDIDO

Mas o senhor Daniel deve pensar...

DANIEL

Tenho tudo pensado, e então lhe direi mais: este negócio eu não faria com outra qualquer pessoa; só o grande desejo que tenho em o servir e ao senhor seu tio, de quem fui amigo...

CÂNDIDO

Bem, senhor!

DANIEL

E peço-lhe mesmo que a ninguém comunique este empréstimo tão vantajoso que faz comigo.

FREDERICO

(*à parte*)

Tenho-lhe vontade de saltar às goelas.

CÂNDIDO

(*à parte*)

Tu me pagarás. (*alto*) Não estou em circunstâncias de questionar e nem o ousaria, estando presente o corpo de meu tio. Aceito a sua proposição.

DANIEL

E faz muito bem. Agora seria preciso mandar comprar uma letrinha e assinar.

CÂNDIDO

Os cuidados que pedem as exéquias de meu tio, a aflição em que me vejo, não me deixam cabeça para isso; rogo-lhe, pois, o obséquio de trazer-me o dinheiro e todos esses papéis que devo assinar.

DANIEL

Pois bem.

Cândido

E aqui tem a chave do baú, que pode já levar. (*fecha o baú*)

Daniel

Não é preciso.

Cândido

Leve-a para maior segurança sua. (*dá-lhe a chave*)

Daniel

Eu volto em um instante.

Cândido

Se aqui não encontrar-me, pode entregar o dinheiro ao meu mano e ele lhe entregará tudo fielmente.

Daniel

Não haverá dúvida. (*à parte*) Em negócios com rapazes vou sempre bem; são uns loucos...

Cândido

(*à parte*)

Anda, vai, que te mostrarei.

Daniel

Até já. (*sai*)

Cena IV

Os estudantes

Frederico

Usurário do inferno!

ADOLFO

Judeu sem consciência!

CÂNDIDO

Demônio da usura!

CLEMENTE

(*levantando-se do caixão*)

Ladrão! (*os três desatam a rir*)

CÂNDIDO

A ladroeira é tal, que faz ressuscitar mortos.

CLEMENTE

Palavra de defunto, estive quase saltando-lhe ao gasnete.

FREDERICO

Podias levá-lo para a caldeira de Pero Botelho em tua companhia.

CLEMENTE

Adolfo!

CÂNDIDO

(*atalhando*)

Não temos tempo para conversar; ajudem-me. (*assim dizendo, abre a caixa por um alçapão praticado nas costas e tira a prata que está dentro*)

FREDERICO

Ah, é esse o caso! Oh, que belo logro!

CÂNDIDO

Toma, toma, vão levando para dentro. (*Frederico e Adolfo vão carregando para dentro os objetos de prata que Cândido tira de dentro da caixa*)

CLEMENTE

(*de cima do caixão*)

Depressa, rapaziada. Ladrão que furta ladrão tem cem anos de perdão; e se algum dia forem presos, digam para sua defesa que foi o defunto Mateus Pereira que os aconselhou.

CÂNDIDO

Adolfo, tira tudo da caixa e traga para dentro, que eu me vou vestir; é preciso andarmos depressa. (*sai*)

ADOLFO

Anda, Frederico.

FREDERICO

Julgas que estou fazendo outra coisa?

CLEMENTE

Se não andas depressa, atiro-te com este tocheiro em cima.

FREDERICO

Cala a boca.

ADOLFO

Melhor seria que nos viesses ajudar.

CLEMENTE

Olha que tolo; já viste defunto andar? (*enquanto assim falam, os dois têm levado toda a prata para dentro*)

Cena V

CLEMENTE, *só*

CLEMENTE

(*sentado no caixão*)

Os mais espertos deixam-se às vezes enganar tão fácilmente como crianças. Este, com a avidez no lucro, nem ao menos se quis dar ao trabalho de verificar se havia neste caixão um verdadeiro defunto ou um maroto de meu calibre. Caiu mesmo, como um patinho. Deixa estar que te hei de ver pular com a minha ressurreição. Abençoado seja aquele que logrou a um usurário, e *requiescat in pace*. (*deita-se*)

Cena VI

Entra CÂNDIDO *vestido de capuchinho, trazendo no braço um outro hábito.*

CÂNDIDO

(*entrando*)

Assim vou bem; mais facilmente poderei de lá sair. Como me sairei desta empresa? A astúcia me ajudará. Clemente? Clemente?

CLEMENTE

(*com voz cavernosa, do caixão*)

Quem vem a esta hora perturbar o silêncio dos mortos?

CÂNDIDO

Escuta.

CLEMENTE

(*levantando-se*)

Resurrexit homo! Oh diabo, vens encomendar-me?

CÂNDIDO

Não.

CLEMENTE

Então que lembrança foi esta tua? De hábito de capuchinho!

CÂNDIDO

E aqui tenho outro.

CLEMENTE

Mas que quer isto dizer?

CÂNDIDO

Lembrei-me, como tenho de ir para casa do usurário, de tomar este hábito e levar outro para a filha.

CLEMENTE

Essa lembrança pode ser muito engenhosa; sempre fiz muito boa idéia de ti, mas confesso que não sei qual é a sua utilidade.

CÂNDIDO

Há dias que chegaram da Itália dois capuchinhos, trazendo cartas de recomendações para o usurário, e quase todos os dias lá vou à sua casa.

CLEMENTE

Muito bem. E que mais?

CÂNDIDO

E que mais? Se eu e sua filha vestirmo-nos de capuchinho, com a cara bem coberta – cá levo também barbas para ela – podemos facilmente lograr a sua vigilância.

CLEMENTE

Se não estivesse de tão alto, dava-te um abraço.

CÂNDIDO

Então aprovas?

CLEMENTE

Maroteiras como esta mereceram sempre o meu voto; mas vê lá... se ele te pilha...

CÂNDIDO

(*mostrando duas pistolas que traz à cintura*) Olha.

CLEMENTE

Pistolas?

CÂNDIDO

Sim.

CLEMENTE

Queres matar o homem?

CÂNDIDO

Não.

CLEMENTE

Então que...

CÂNDIDO

Estão descarregadas; levo-as só para meter medo e abrir caminho no caso de me ver descoberto e apertado.

CLEMENTE

Tu hoje estás sublime!

CÂNDIDO

É o amor quem me desperta a inteligência.

CLEMENTE

Eu cá já morri para o amor; por isso estou estúpido.

CÂNDIDO

(*chamando*)

Adolfo? Frederico?

CLEMENTE

Que queres?

CÂNDIDO

Que venham fechar a caixa.

CLEMENTE

Eu vou.

CÂNDIDO

Não, não te desarranjes, que ele pode chegar de um momento para outro. Adolfo?

Cena VII

ADOLFO, FREDERICO *e os ditos*

ADOLFO

Que é de novo?

FREDERICO

Está tudo descoberto?

CÂNDIDO

Não. Venham fechar a caixa.

ADOLFO

Vamos a isso.

CÂNDIDO

Quando o usurário vier, recebe o dinheiro e entrega-lhe a caixa.

FREDERICO

E se me quiser abri-la para verificar?

ADOLFO

É verdade.

CÂNDIDO

Oh, diabo!

CLEMENTE

Eu caio-lhe em cima do espinhaço.

FREDERICO

Isto seria deitar tudo a perder.

CÂNDIDO

Desta não me tinha eu lembrado.

ADOLFO

E assim se transtorna um plano!

CLEMENTE

Qual se transtorna o quê, homem!

CÂNDIDO

Pois lembra-te de algum expediente?

CLEMENTE

Grande dificuldade! E estão vocês todos aí como patetas.

ADOLFO

Diz depressa.

CLEMENTE

Pois vai tu depressa lá dentro buscar um prego pequeno, ou um pedaço de ferro qualquer.

CÂNDIDO

Para quê?

Clemente

Para meter no buraco da fechadura da caixa e assim impossibilitar que a abram.

Frederico

Magnífico!

Adolfo

Excelente!

Cândido

Bravo! Vai depressa, Adolfo. (*Adolfo sai correndo*)

Clemente

Então, que dizeis à lembrança?

Cândido

É muito boa e a única de que não podíamos lembrar.

Frederico

Agora que penso, vejo-lhe uma dificuldade.

Clemente

Ora, vejamos a sua dificuldade.

Frederico

Se ele quiser tomar o peso à caixa?

Cândido

Lá isso não temo eu, porque também peso.

FREDERICO

E se ele não quiser levar a caixa sem verificar se a prata ainda está dentro? Essa qualidade de gente é muito desconfiada.

CLEMENTE

Nesse caso não a levará; em casa ficaremos, nada arriscamos e só teremos o trabalho de imaginar um novo plano para o lograrmos. E por alguma coisa somos estudantes.

CÂNDIDO

Com avidez no lucro que pode tirar do empréstimo que faz, talvez não se lembre de levar tão longe a desconfiança. Em enganos mais grosseiros têm caído outros da sua laia, e mais finos.

ADOLFO

(*entrando*)

Aqui está um prego.

CÂNDIDO

Dá cá. (*toma o prego e o vai meter na fechadura da caixa*)

CLEMENTE

Vê lá que isso fique de modo que se não possa abrir.

CÂNDIDO

Está pronto. Agora eu; venham fechar-me. (*assim dizendo, entra na caixa pelo alçapão e os dois o fecham*)

Cena VIII

BERNARDO, CLOTILDE *e os ditos*

BERNARDO
(*dentro*)
Dá licença, mano?

FREDERICO
(*com espanto*)
Esta voz!

ADOLFO
(*com espanto*)
É do tio Bernardo!

CLEMENTE
Está tudo perdido; quero saltar daqui!

FREDERICO
Deita-te!

CÂNDIDO
(*de dentro da caixa*)
O que é lá isso?

FREDERICO
Silêncio, e deixem tudo por minha conta.

ADOLFO
Mas que queres fazer agora?

FREDERICO
Continuar o plano.

CLEMENTE

É impossível!

FREDERICO

Deita-te, com todos os diabos! (*Clemente deita-se*)

BERNARDO

(*aparecendo à porta em companhia da filha*) Mano? Grande Deus, que quer isto dizer?

FREDERICO

(*à parte, para Adolfo*)

Chora!

CLOTILDE

Meu Deus!

BERNARDO

A casa armada, uma essa... Senhores... Adolfo, meu sobrinho...

ADOLFO

Ah, tio Bernardo...

BERNARDO

Quem morreu nesta casa?

ADOLFO

Quem morreu?

BERNARDO

Sim, sim!

ADOLFO
(*para Frederico*)

Dize, amigo, que eu não tenho ânimo. (*à parte*) Não quero carregar com a mentira.

BERNARDO

Por piedade!

CLOTILDE

Dizei-me, senhor!

FREDERICO

Muito sinto ser eu o que vos dê tão fatal nova, mas enfim alguém há de ser o primeiro. Seu digno e respeitável irmão, (*chora*) o senhor Mateus Pereira...

BERNARDO

Meu irmão?

CLOTILDE

Meu tio?

FREDERICO

Já não existe.

BERNARDO

Meu irmão!

CLOTILDE
(*ao mesmo tempo*)

Morreu!

FREDERICO

Nossos cuidados foram baldados; ali está ele frio e imóvel.

BERNARDO

Mas quando, como? Ainda há oito dias que recebi uma carta sua!

ADOLFO

Ontem deitou-se bom, de perfeita saúde.

FREDERICO

E pelas duas da noite... um ataque apoplético fulminantíssimo no-lo roubou.

BERNARDO

Meu querido irmão, como te perdi eu... que eu não estivesse junto de ti para receber teus últimos suspiros. Meu Deus, não te verei mais! Meu irmão, meu irmão! (*cai de joelhos junto da essa*)

CLOTILDE

Meu querido tio! (*vai para junto do pai*)

ADOLFO

(*à parte, para Frederico*)

Isto assim não pode ser! Eu falo, sua dor comove-me!

FREDERICO

Se dizes uma palavra, esgano-te; quando ele souber que tudo isto é mentira ficará mais contente.

CÂNDIDO

(*abrindo o alçapão da caixa e espiando*)

Então o que é lá isso?

Frederico

(*alto*)

Deus tenha sua alma em glória. (*assim dizendo cai sentado na caixa*)

Bernardo

(*de joelhos*)

Meu irmão, meu querido irmão!

Clotilde

(*de joelhos, abraçando-se com o pai*)

Meu pai! (*Frederico sentado na caixa e empurrando para dentro a cabeça de Cândido*)

Cândido

Espera, deixa que eu veja!

Frederico

(*empurrando sempre a cabeça*)

Foi uma desgraça que ninguém previa. (*à parte, para Cândido*) Entra, mete esta cabeça para dentro!

Cândido

Mas...

Frederico

(*para Cândido, empurrando-lhe a cabeça*)

Pior.

Adolfo

(*à parte*)

Isto assim não vai bem...

BERNARDO
(*levantando-se*)

Quero ainda uma vez vê-lo...

FREDERICO

Mau!

BERNARDO

Contemplar aquele semblante que foi minha alegria. (*chega-se para o caixão*)

FREDERICO
(*tomando-o nos braços*)

Senhor!

ADOLFO

Meu tio!

BERNARDO

Deixai-me!

FREDERICO

Não consentirei!

ADOLFO

Não consentiremos!

FREDERICO

Respeito a vossa dor, mas não permitirei que a exacerbeis com a vista do vosso irmão morto.

BERNARDO

Terei coragem.

ADOLFO

Não.

BERNARDO

Quero vê-lo uma só vez!

FREDERICO

Não pode ser, não pode ser.

CLOTILDE

Meu pai!

ADOLFO

Vinde, meu tio, vinde para dentro refazer-vos desta comoção, repousar um pouco.

BERNARDO

Pois bem, meus amigos, não insistirei. Vem, Adolfo, este inesperado abalo aniquilou-me, preciso repouso.

ADOLFO

Vamos para o meu quarto.

BERNARDO

Filha!

CLOTILDE

Meu pai!

BERNARDO

Este golpe faltava para de todo aniquilar-me.

CLOTILDE

Somos bem desgraçados!

FREDERICO

Anda, Adolfo, leva teu tio.

ADOLFO

Vamos. (*sai com Bernardo e Clotilde*)

Cena IX

FREDERICO *e* CLEMENTE *no caixão*

FREDERICO

Desta estamos escapos.

CLEMENTE

(*sentando-se no caixão*)

Isto assim não vai bem.

FREDERICO

Vai maravilhosamente.

CÂNDIDO

(*abrindo o alçapão*)

Frederico!

FREDERICO

Que queres? Mete esta cabeça para dentro.

CLEMENTE

(*do caixão*)

Ó Cândido!

CÂNDIDO

O que é lá?

CLEMENTE

Teu tio Bernardo e tua prima chegaram!

CÂNDIDO

Bem os vi, e melhor para ti; dou-te os parabéns.

CLEMENTE

Quando a ouvi cá pulei de contente!

Cena X

ADOLFO *e os ditos*

ADOLFO

Lá fica meu tio deitado na minha cama a chorar.

CLEMENTE

Logo se calará.

ADOLFO

Estive a duas por três contando-lhe tudo.

FREDERICO

E se tal fizesses, torcia-te o pescoço.

CÂNDIDO

E o patife do usurário que não chega; com a sua vinda acabava-se toda esta indecisão.

ADOLFO

Ouço passos! (*Cândido esconde-se e Clemente deita-se*)

Cena XI

CLOTILDE *e os ditos*

CLOTILDE

Primo Adolfo, meu pai o chama, assim como a este senhor.

FREDERICO

Lá vamos.

CLOTILDE

E pergunta pelo primo Cândido.

ADOLFO

Lá vai também. Anda, Frederico. (*saem ambos*)

CLOTILDE

(*que se julga só*)

Que desgraça foi esta para nós! Há seis meses que o infortúnio nos persegue. Meu pobre pai e vós, meu tio, que morte tão repentina e inesperada nos roubou. Se vossa alma está junto do Senhor, rogai a Deus por nós.

CLEMENTE

(*sentando-se*)

Meu Deus, tende piedade dela!

CLOTILDE

Ah! (*recua alucinada e vai cair desmaiada nos braços de Frederico, que entra*)

CLEMENTE

Sou eu!

FREDERICO

(*recebendo-a nos braços*)

Senhora!

CÂNDIDO

(*espiando*)

Fizeste-a bonita! (*Clemente principia apressado a descer da essa*)

FREDERICO

(*com Clotilde nos braços*)

Está desmaiada! Senhora, não vos assusteis. Maldito Clemente! Torna a si... E eu que preciso sair! (*para Cândido*) Anda cá, Cândido.

CLEMENTE

Espera, que vou eu. (*correndo para Clotilde*) Fui eu que a assustei, por conseguinte devo desassustá-la.

FREDERICO

Pois toma-a lá, que é necessário que eu saia. (*deixa Clotilde nos braços de Clemente*)

CLEMENTE

Fiz muito bem em assustá-la só para agora tê-la em meus braços.

CÂNDIDO

Não te demores, e pede-lhe segredo, se é possivel; estou que ela te ouvirá; vocês lá se entendem... Eu cá entro. (*entra na caixa*)

CLEMENTE

(*com Clotilde nos braços*)

Clotilde, sou eu, é o teu Clemente! Não torna a si; foi grande o susto. Que farei? Pode alguém chegar. Um pingo de cera quente na mão talvez lhe faça recobrar os sentidos. (*assim dizendo, a leva para junto de um dos tocheiros e estende uma de suas mãos como para receber um pingo de cera*)

CLOTILDE

(*torna a si, dando um grito e esfregando as mãos uma na outra*)

Ah!

CLEMENTE

Bravo! Clotilde!

CLOTILDE

(*recuando*)

Meu Deus!

CLEMENTE

Não te assustes, sou eu, é o teu Clemente.

CLOTILDE

O senhor Clemente!

CLEMENTE

Sim, que estava ali naquele caixão fazendo as vezes de teu tio Mateus Pereira.

CLOTILDE

E meu tio?

CLEMENTE

Está vivo.

CLOTILDE

Vivo? (*chama*) Meu pai, meu pai?

CLEMENTE

(*retendo-a*)

Espera, cala-te!

CLOTILDE

Deixa que eu lhe vá dar tão feliz notícia.

CLEMENTE

Espera, que deitarias tudo a perder, e a mim, e a teu primo, e a todos. Ouve-me primeiro.

Cena XII

Entra ADOLFO.

ADOLFO

(*entrando*)

Primo, o tio o chama. (*vendo Clemente*) Clemente! Está tudo perdido!

CLEMENTE

(indo para ele)

Ainda não; vai lá para dentro e não deixes teu tio sair para cá.

ADOLFO

Mas... (*Clemente o empurra e ele resiste*)

CÂNDIDO

(da caixa, enquanto Clemente empurra Adolfo e parece convencê-lo)

Ó priminha? Priminha Clotilde?

CLOTILDE

Hem? O primo Cândido dentro de uma caixa? O que faz aí, o que quer tudo isto dizer?

CÂNDIDO

Não se assuste e não diga nada. (*esconde-se*)

CLEMENTE

(que nesse tempo tem empurrado Adolfo para dentro)

Clotilde?

CLOTILDE

(voltando-se)

Não me explicará...

CLEMENTE

Isso ao depois, não tenho tempo; basta que saibas que isto é uma brincadeira. Agora dize-me depressa, como é que te achas depois de seis meses de ausência e quando eu já não tinha esperanças de te ver?

CLOTILDE

Sabe a razão por que deixamos esta cidade.

CLEMENTE

Não, para mim foi sempre um mistério. Eu te amava, ou antes, nós nos amávamos, e eu esperava acabar os meus estudos para pedir-te a teu pai, quando de repente tu e ele desaparecestes e nem teus próprios primos, meus amigos, souberam dizer-me para onde tinhas ido.

CLOTILDE

Era isso um segredo de família que eles não podiam revelar.

CLEMENTE

Seja o que for; como me foste restituída...

CLOTILDE

Talvez para me perderes de novo e para sempre.

CLEMENTE

Explica-te, e em poucas palavras.

CLOTILDE

Tudo te direi. Meu pai há muito que ficou depositário de algumas jóias e brilhantes de considerável valor; um dia precisou ele de trinta contos de réis para pagar uma fiança a que, imprudente, se comprometera, e não possuindo em caixa esse dinheiro, nem podendo havê-lo repentinamente por empréstimo, teve a desgraçada fraqueza de empenhar esses brilhantes nas mãos do usurário, senhor Daniel.

CLEMENTE

De Daniel?

CLOTILDE

Sim; esse homem, que se dizia amigo de meu pai, emprestou-lhe os trinta contos, tomando os brilhantes por penhor, comprometendo-se a entregá-los logo que o seu dinheiro lhe fosse apresentado. De todo o negócio passou uma clareza, que meu pai guardou. Graças a esse socorro pôde ele pagar a fiança e acreditar o seu nome. Dois meses depois estava o dinheiro arranjado para o resgate dos brilhantes e com ele se dirigiu meu pai para a casa do usurário; uma coisa porém o inquietava, ainda que mediocremente – a clareza que lhe havia ele passado tinha-se perdido. Meu pai dizia: Daniel é meu amigo e não exigirá essa clareza, uma vez que eu lhe apresente o seu dinheiro. Mas ah, quanto se enganava! Esse malvado, esse monstro, sabendo que aquele de quem se dizia amigo tinha perdido a única prova de depósito e empréstimo, negou haver recebido tais brilhantes.

CLEMENTE

Negou!

CLOTILDE

Negou sim, porque esses brilhantes valiam o dobro do dinheiro que emprestara.

CLEMENTE

Oh, que ladrão!

CLOTILDE

Descrever-vos a surpresa e desesperação de meu pai é-me impossível. Tudo empregou para convencer esse malvado – preces, lágrimas, ameaças e tudo debalde.

CLEMENTE

Oh, esses usurários, almas danadas do inferno, venderiam o Cristo como Judas, por trinta dinheiros!

CLOTILDE

Meu pai estava em seu poder; não podia queixar-se à justiça por isso que tinha empenhado objetos de que era depositário. Para encurtar a narração de nossas desditas, quinze dias depois teve meu pai de restituir o depósito, não o pôde e seu nome foi infamado, desonrado; a justiça o perseguiu e vimo-nos obrigados, para fugir à prisão, a abandonar ocultamente esta cidade.

CLEMENTE

Agora sei o motivo por que nada me disseste quando partiste. Como sofri eu! Julguei que já me não amavas.

CLOTILDE

Era impossível.

CLEMENTE

Meu anjo, mas agora por que volta teu pai? Terá acaso o usurário arrependido?

CLOTILDE

Ele arrependido? Oh, não! Meu pai já não podia viver como vivia; quis fazer ainda uma tentativa. Partimos e aqui chegamos, arriscando-nos a ser presos.

CLEMENTE

Deixa esse negócio por minha conta, que o usurário o há de pagar, e caro!

CLOTILDE

Como assim?

CLEMENTE

Saberás. Os brilhantes serão restituídos a teu pai.

CLOTILDE

Restituídos?

CLEMENTE

Sim, e por mim.

CLOTILDE

Por ti?

CLEMENTE

Duvidas? E então é impossível que teu pai recuse a tua mão a quem o salvar.

CLOTILDE

Que felicidade será isso para nós todos! Mas o que quer fazer?

CLEMENTE

Lá isso ainda não sei, mas alguma coisa há de sair, e para principiar só te peço segredo sobre o que tens visto e sobre o que vais ver. Nada digas, nem a teu pai. Deixa que ele se persuada ainda por vinte quatro horas que teu tio está morto.

CLOTILDE

Mas é impossível!

CLEMENTE

Queres que os brilhantes lhe sejam restituídos e que se veja livre da justiça, que o persegue?

CLOTILDE

Quero sim.

CLEMENTE

Pois então vai vendo e cala-te, que eu vou fazer uma das minhas. (*correndo para a caixa e batendo*) Ó Cândido, Cândido?

CÂNDIDO

(*abrindo o alçapão*)

O que é lá?

CLEMENTE

Chega-te para lá e deixa-me entrar.

CÂNDIDO

O quê?

CLEMENTE

Deixa-me entrar também.

CLOTILDE

Entrar?

CÂNDIDO

Para quê?

CLEMENTE

Lá dentro te direi.

CÂNDIDO

Mas...

CLEMENTE

(*entrando na caixa pelo alçapão*)

Pior, chega-te para lá.

CLOTILDE

Que intenta fazer?

CLEMENTE

Vai para dentro chorar com teu pai a morte de teu tio.

CÂNDIDO

(*de dentro da caixa*)

Tu me pisas!

CLEMENTE

(*entrando*)

Pois chega-te para lá. (*entrando*)

CLOTILDE

O que quererá ele fazer, o que quer dizer tudo isto? Não compreendo. Uma palavra só, explique-me ao menos que vai fazer.

CLEMENTE

(*já dentro da caixa, só com a cabeça de fora*)

Para explicar era preciso que eu também soubesse.

CLOTILDE

Mas então...

CLEMENTE

Então nesta carruagem vou para casa do usurário e lá será o que Deus e minhas artes quiserem. Adeus e silêncio. Adeus, minha vida. (*fecha a caixa*)

Cena XIII

CLOTILDE, *só, e depois* ADOLFO

CLOTILDE

Não sei o que devo fazer. Se contar tudo a meu pai, se calar-me... Mas se falo, posso talvez embaraçar um plano que pode ser a nossa salvação. Estou decidida, guardarei silêncio ao menos por dois dias.

ADOLFO

(*entrando*)

Prima Clotilde, seu pai a chama.

CLOTILDE

O que está ele a fazer?

ADOLFO

Revolvendo os papéis de seu defunto irmão, que Deus haja...

CLOTILDE
(*com mistério*)

Já sei de tudo.

ADOLFO

Como?

CLOTILDE

Digo-lhe que de tudo sei, mas que guardarei silêncio. (*sai*)

Cena XIV

ADOLFO, *só, e depois* DANIEL

ADOLFO
(*só*)

Está muito bom! Ela já de tudo sabe; temos uma mulher que sabe o nosso segredo. Lá se vai tudo quanto Marta fiou! Mas como o soube ela? Não passou de alguma graça ou medo que lhe quis fazer o doido do Clemente. Escuta aqui, meu defunto das dúzias... (*vai para junto da essa e olhando para dentro do caixão fica surpreendido não vendo Clemente*) Oh, saiu do caixão! Clemente? Para onde iria ele? Isto assim não vai bem. (*aqui batem palma*) Batem! Quem é?

DANIEL
(*dentro*)

Posso entrar?

ADOLFO

O usurário! O negócio complica-se... Mas não, por mim não se há de ele perder. (*assim dizendo fecha as tampas do caixão, o que feito diz*) Queira entrar.

DANIEL

(*entrando*)

Desculpe-me se tanto demorei-me; foi preciso ir arranjar o dinheiro, não o tinha em casa.

ADOLFO

(*à parte*)

Quer encarecer a ladroeira...

DANIEL

O dinheiro agora está muito caro; é difícil ajuntar mesmo uma pequena quantia. O senhor seu mano?

ADOLFO

Está lá dentro no seu quarto, mas eu posso receber.

DANIEL

Pois bem... E não quisera demorar-me muito aqui; creio que já sinto mau cheiro.

ADOLFO

Também eu.

DANIEL

Aqui estão pois os seiscentos mil-réis de depósito e a cautela por mim assinada para poder resgatar a prata ou reformar o seu prazo em falta de pagamento.

ADOLFO

Pode tomar conta do baú.

DANIEL

E... toda a prata está dentro?

ADOLFO

Senhor!

DANIEL

Não vai a escandalizar; quem se mete em negócios deve fazê-lo com toda a segurança.

ADOLFO

A chave está em seu poder, abra o baú.

DANIEL

Será bom. (*vai meter a chave na fechadura do baú*)

ADOLFO

(*à parte*)

Estamos no momento decisivo.

DANIEL

(*com a chave na fechadura sem poder dar volta*)

Está perro! A chave não quer dar volta.

ADOLFO

Algum mau jeito que deram ao fechar. Deixa ver. (*toma o lugar de Daniel e forceja para abrir o baú*) Julgo que está quebrada.

DANIEL

Quebrada!

ADOLFO

Não lhe dê isso cuidado, eu vou lá dentro buscar um martelo para arrombá-la.

DANIEL

Não é preciso. (*sopesa o baú com ambas as mãos*) Vejo que está tudo dentro.

ADOLFO

Sempre será bom que o arrombemos para que vá tranqüilo, e conheça que trata com pessoas de bem.

DANIEL

Bem o sei, bem o sei!

ADOLFO

E diante do corpo de meu tio, seria indigna ação de nossa parte.

DANIEL

Basta. (*chamando*) Olá, entrem. (*aqui entram dois homens*)

ADOLFO

(*à parte*)

Estás fintado, meu espertalhão.

DANIEL

(*para os homens*)

Peguem neste baú e acompanhem-me. (*os homens levantam o baú*) Quando precisar de mim, estarei sempre a seu dispor.

ADOLFO

Muito agradecido. (*à parte*) Vai, que breve teremos que ver.

DANIEL

(*para os homens*)

Vamos. Excelente negócio. (*sai acompanhado dos dois homens, que levam o baú*)

Cena XV

ADOLFO

(*só*)

Até aqui tudo muito bem. Esperemos pelo resultado. Mas onde estará o maldito do Clemente? Por que sairia ele do caixão? Clemente? Clemente? O desenlace de tudo isto será galante; muito temos que ver! (*chegando à janela*) Lá vai ele com o baú! Mal sabe o penhor que leva. Agora resta-nos o tio Bernardo. O que dirá quando souber de tudo isto? Ralhará ou rir-se-á?

Cena XVI

FREDERICO *e* ADOLFO

FREDERICO

(*entrando apressado*)

Está tudo perdido!

ADOLFO

Frederico, que dizes?

FREDERICO

Que está tudo desarranjado.

ADOLFO

Por quê?

FREDERICO

O usurário já veio?

ADOLFO

E levou o baú.

FREDERICO

Há muito?

ADOLFO

Admira-me que o não encontrasses.

FREDERICO

Então ainda pode haver remédio.

ADOLFO

Mas que temes?

FREDERICO

Teu tio aí vem!

ADOLFO

Qual tio?

FREDERICO

O defunto! Esbarrei-me com ele na Rua Direita; acabava de desembarcar!

ADOLFO

Com a fortuna!

FREDERICO

Não tarda um instante.

ADOLFO

Que faremos?

FREDERICO

Já agora sustentar a mentira até o fim.

ADOLFO

Pois quê? Queres persuadir ao próprio tio Mateus que ele morreu?

FREDERICO

Não, mas quero ganhar tempo até que Cândido atinja a casa do usurário, e depois será o que Deus quiser. Sinto passos, aí vem ele!

ADOLFO

E eu safo-me! (*sai*)

FREDERICO

Espera! Foi-se, deixou-me só! Não cedo por tão pouco; um estudante não arreia assim.

Cena XVII

MATEUS *e* FREDERICO

MATEUS

(*da porta*)

Que quer isto dizer?

FREDERICO

(*à parte*)

É agora!

MATEUS

Minha casa armada, uma essa... Quem morreu?

FREDERICO

Senhor!

MATEUS

Quem morreu em minha casa? Algum de meus sobrinhos? Cândido? Adolfo? Falai, falai.

FREDERICO

Vossos sobrinhos estão de perfeita saúde.

MATEUS

Quem foi, pois?

FREDERICO

Vosso irmão.

MATEUS

Meu irmão?

FREDERICO

Sim, vosso irmão, o senhor Bernardo Pereira.

Mateus

Mas como, como? Isso me enlouquece. Ele estava fora da cidade e há dois dias que daqui saí. Explicai-me, por piedade.

Frederico

Tudo vos contarei. Ontem pelas cinco horas da tarde o senhor Bernardo Pereira entrou por esta sala com sua filha e conversava com seus sobrinhos, quando um ataque de apoplexia fulminantíssimo o lançou por terra.

Mateus

Meu Deus! E não o socorreram?

Frederico

Qual socorro! Tudo foi inútil, e ali está ele frio e inanimado.

Mateus

(*caindo de joelhos junto da essa, do lado esquerdo*)

Meu irmão! (*fica submergido em sua dor*)

Frederico

Veremos no que dará isto... (*aqui principiam a entrar os convidados*) Aí chegam os convidados... Mas... creio que levamos a brincadeira um pouco longe. (*vai para junto dos convidados e os entretém ao fundo*)

Mateus

(*de joelhos, chorando*)

Como te perdi eu, irmão?

Cena XVIII

Bernardo *e* Adolfo *entram pela direita sem ver* Mateus, *que está encoberto do outro lado da essa.*

Bernardo

(*para os dois que o retêm*)

Não, deixai-me, quero junto de seu corpo rogar a Deus por sua alma. (*assim dizendo ajoelha-se à direita da essa, sem que um dê fé do outro*)

Adolfo

Frederico? (*vai para junto dele e como procuram distrair a atenção dos convidados*)

Mateus

(*do lado esquerdo da essa*)

Assim te perdi para sempre!

Bernardo

(*da direita da essa*)

Assim te roubou a morte à minha amizade!

Mateus

(*da esquerda*)

Quero ainda uma vez ver o teu semblante... os olhos!

Bernardo

(*da direita*)

Meu irmão! Que eu não recebesse o teu último suspiro!

MATEUS

(*da esquerda*)

Quero ainda uma vez ver o teu semblante...

BERNARDO

(*da direita*)

Pela última vez quero contemplar tuas feições...

AMBOS

Que nunca mais verei. (*assim dizendo, levantam-se ambos ao mesmo tempo*) Meu querido irmão! (*com isto dito erguem-se e abrindo cada um a tampa do caixão para seu lado e levantando-se nas pontas dos pés para verem, dão com os olhos um no outro e recuam espavoridos para os lados*) Jesus!

FREDERICO *e* ADOLFO

(*ao mesmo tempo, para amedrontarem os convidados*)

O defunto levantou-se! Misericórdia! (*os convidados fogem atropelados pela porta, gritando:* O defunto! *Mateus e Bernardo estão como assombrados e nisso desce o pano*)

FIM DO ATO PRIMEIRO

ATO II

Cena I

Sala em casa de DANIEL. *Tudo em estado miserável.*
LUCINDA, *sentada junto à mesa, pensativa.*

LUCINDA

Para que servem a meu pai tantas riquezas, se tão miserável vive? Que habitação esta nossa! O papel desprega-se da parede com a umidade, o assoalho vacila debaixo dos pés, e os móveis velhos e desconjuntados cedem à menor pressão. Porém debaixo deste teto que ameaça ruína, no recinto destas paredes que a todo o instante podem desmoronar-se existem tesouros que podem fazer deste imundo pardieiro um palácio magnífico, e desta nossa vida miserável um paraíso na terra. Inexplicável mania, loucura inqualificável é a do homem que entesoura para não gozar. Meu Deus! (*levantando-se*) Como é isto possível? Para que na vossa cólera escolheste meu pai para o atormentares com o odioso vício da usura? Que existência a sua! Só para o dinheiro vive, só nele pensa e só meios cogita para o aumentar. E eu, sua filha, devo seguir tão mesquinha existência e ver finar meus dias no meio de tanta miséria, quando o ouro me cerca por toda a parte! Sim, por toda a parte, talvez mesmo por baixo de meus pés, dentro destas paredes que me cercam... Ouro! Pôr ouro por toda a parte, ouro que poderia fazer a felicidade de cinqüenta famílias e que me faz a mim tão desgraçada. Que sorte! Oh, mas isto assim não pode durar, não! Possa dar Deus coragem àquele que meu coração preferiu, que ainda serei feliz. Sinto passos... É meu pai que chega! Retiremo-nos. (*sai pela esquerda*)

Cena II

Entra Daniel *e os dois pretos com o baú.*

Daniel

Tragam para aqui, para aqui... Muito bem, arreiem. (*os pretos arreiam a caixa*) Isso mesmo. Tomem lá. (*dá dois vinténs a cada um dos pretos*) Salta! (*os dois negros vão para sair*) Espera, espera. (*para um dos negros*) Dá cá esta moeda que te dei; toma esta outra. Não estejas a olhar, é o mesmo, é o mesmo, são dois vinténs, vão-se embora. (*os dois negros saem. Daniel observa a moeda que tomara ao negro*) Esta está menos gasta que a outra. (*mete-a na algibeira*) Estou cansado. (*senta-se sobre a caixa*) Seria uma inconsciência lograr a rapazes inexperientes como estes, se em negócios do dinheiro fosse permitido ter-se consciência. Consciência, ah, ah! Loucos, que não conhecem a vida e o que a torna feliz e invejada, que despercebidos e imprudentes lançam pela janela o único bem que eleva o homem e o coloca acima dos outros! Loucos, mil vezes loucos! (*levantando-se*) Dinheiro, riqueza, ouro! Chave do mundo, talismã onipotente, contigo tudo se pode, tudo! Com o teu socorro, nada é impossível ao homem, nada! Esses que de mim zombam, esses que fingem sorrir de compaixão e desprezo quando me vêem passar, e que me chamam de vil usurário, amanhã, hoje mesmo, neste instante estarão de rojo a meus pés, se eu o quiser, se eu o quiser, sim, porque tenho ouro para satisfazer os seus mais ávidos caprichos e ocultos vícios, ouro para lhes comprar a honra, a consciência e a vida! Ride-vos de mim, que a ocasião chegará em que vos terei palpitante debaixo de minhas mãos! Pois quê! Julgais que sois mais do que eu? Porque o peso da honra vos curva e habitais em magníficas moradas? Miseráveis loucos! Quando abro os meus cofres, vejo no brilho do ouro todas essas honras, todas essas magnificências, se as quisesse para mim. O ouro é o deus do mundo, e quem o possui opera estupendos milagres. Tudo serei, se tudo quiser ser! Muito bem acaba o dia de hoje. Excelente negócio! Rapazes, rapazes! Abramos a caixa, e guardemos o penhor que talvez não saia mais de minhas mãos... Quinhentos por cento! Ah, ah! Um martelo e uma cunha será preciso, quebraram a fechadura... Os irei buscar no meu santuário. Fechemos a porta... Toda a cautela... Segredo, segredo é a alma do negócio e a segurança do dinheiro... (*vai abrir uma porta falsa à direita, e sempre receoso que o não vejam, sai por ela e fecha sobre si*)

Cena III

Enquanto Daniel *abre a porta falsa para sair,* Cândido *e* Clemente *abrem o fundo da caixa e, deitando a cabeça de fora, o observam.*

Clemente
(*depois que Daniel sai*)
Saiu... pela parede!

Cândido
É uma porta falsa!

Clemente
Lá é o seu cofre forte, é bom saber.

Cândido
Saiamos daqui enquanto ele não vem.

Clemente
Não, que nos pode encontrar.

Cândido
Que planos são os teus?

Clemente
Não tenho planos. Nunca os faço; ao menor contratempo desarranjam-se e fica um homem com cara de tolo sem saber o que há de fazer. Nada, tomo conselhos da ocasião, e nunca me acho mal.

Cândido
Mas no entanto ele não tarda para abrir a caixa, e aqui nos encontrando...

Clemente

Ora, grande dificuldade! Assim que ele levantar a tampa, salto-lhe às goelas e mergulho cá para dentro, e enquanto não me der conta de certos brilhantes, aperto-lhe o gasnete.

Cândido

Magnífico! E enquanto tu o afogas, eu procuro a filha e safo-me com ela.

Clemente

Muito bem dito. Mas silêncio, que ele aí vem! Façamos como o cágado – cabeça para a concha. (*entram para a caixa e fecham o alçapão*)

Cena IV

Entra Daniel *trazendo um martelo e uma cunha de ferro. Depois de entrar, fecha a porta falsa.*

Daniel

Guardemos esta prata em lugar seguro. Ladrões que viessem a minha casa bem logrados se haviam de achar. Portas chapeadas de ferro... E quando as tivessem arrombado, desafio que descobrissem o meu cofre, o meu santuário, o altar das minhas orações. Ah, ah! Arrombemos a caixa. Rapazes, rapazes! (*ajoelha-se junto do caixa e principia a arrombar a fechadura*) Está rija. Boa fechadura; é pena arrebentá-la. Mandarei consertá-la, que mais pode servir. Enfim, está aberta! (*na ocasião que vai levantar a tampa, entra Lucinda*) Quem é? (*assustando-se*)

Cena V

LUCINDA, DANIEL, *e os dois na caixa*

LUCINDA

Sou eu, meu pai.

DANIEL

Forte susto me pregaste.

LUCINDA

Eu me retiro.

DANIEL

Não, não, vem cá, tenho que te falar e que te repreender, e muito.

LUCINDA

A mim?

DANIEL

Sim, a ti, e com sobejas razões.

LUCINDA

Não sei em…

DANIEL

Mocidade, mocidade, tudo loucura! Pensas tu que eu também não tenho parasitas que me bajulem, amigos oficiosos que me querem fazer serviços, porque os posso pagar? Tudo sei e ainda mesmo o que não quisera saber. Depois de certo tempo, todas as vezes que saio de casa a janela do teu quarto se abre, e apesar do sol ardente, aí te conservas por horas inteiras.

LUCINDA

Meu pai!

DANIEL

Ainda não acabei. Quando a tua janela se abre, a do vizinho também se abre; aí aparece um moço e sinais se cruzam. Desgraçada!

LUCINDA

Senhor!

CÂNDIDO

(*que tem levantado um pouco a tampa da caixa e que espreita*)

Ah, mexeriqueiros!

DANIEL

Desgraçada, que pretendes tu com este namoro, que intentos são os teus?

LUCINDA

É falso, meu pai, é falso.

DANIEL

Não, não é; quem informou-me não tinha interesse em enganar-me.

CÂNDIDO

(*da caixa, à parte*)

Hei de saber quem é o patife.

DANIEL

Agora te calas? Bem sei, bem sei o que hei de fazer; acabarei com toda esta criançada – hoje mesmo a janela de teu quarto será pregada.

CÂNDIDO
(*à parte*)

A boas horas.

DANIEL

Choras? Passará e depois me agradecerás. Olha, filha, sabes quanto eu te amo, e por isso me vês assim tão zeloso na tua guarda. Não te iludas. Esses que te procuram, que se fingem por ti apaixonados, têm somente a mira no meu dinheiro, porque sabem que és minha filha única.

LUCINDA

Mas...

DANIEL

Sei o que me queres dizer: que és moça, que também podes inspirar uma paixão verdadeira. Loucuras! Não há paixão senão pelo dinheiro; o mais são fantasias que passam.

LUCINDA

Mas eu não sou um monstro de fealdade, tenho espelhos que mo dizem, e outras conheço eu...

DANIEL

Essa vaidade é que te há de perder e que eu devo corrigir.

CLEMENTE

(*da caixa*)

Correção precisas tu.

DANIEL

És bonita, és, e isto me lisonjeia, porque sou teu pai; mas esta beleza é mais um tropeço em que hás de cair. Sabes que és bonita; dir-te-ão, acreditarás, e facilmente cairás na esparrela que te armam; ou por outra, que armam a meu dinheiro. Ah, eu os conheço!

CLEMENTE

(*à parte*)

O pressentimento é grande coisa.

LUCINDA

Mas esta desconfiança é um martírio em toda a vida, não acreditarei em ninguém.

DANIEL

Não acredites, não acredites, que farás muito bem, e nunca serás lograda. Acredita só no dinheiro, que nunca mente, que no mais, loucura, loucura!

LUCINDA

Mas se um dia...

DANIEL

Sei o que queres dizer, temes morrer solteira.

CLEMENTE

(*à parte*)

É um tema muito razoável.

LUCINDA

E então, se assim é...

DANIEL

Antes ficar sem marido, que sem dinheiro. Sem um se vive, e sem o outro se morre. E dá-te por entendida e ciente; se te casares sem o meu consentimento, deserdo-te.

LUCINDA

Meu pai!

CLEMENTE

(*à parte*)

Patife!

CÂNDIDO

(*à parte*)

Veremos!

DANIEL

Dize isto que eu te digo aos teus apaixonados, que verás como se lhes refece a paixão. É água na fervura. Oh, oh, mocidade, loucura! Não é o meu dinheiro, que tanto me custa ganhar e guardar, para espertalhões comerem.

LUCINDA

(*à parte*)

Meu Deus!

CÂNDIDO

(*à parte*)

Eu te direi... (*ouve-se dentro tocar campainha*)

DANIEL

Chamam-me lá no escritório. Algum freguês que quer dinheiro. Acredita no que te disse e tem-te por avisada.

Cena VI

LUCINDA, *só, e os dois na caixa*

LUCINDA

Será loucura, será mocidade, porém eu acredito no seu amor e na santidade de seus juramentos. (*senta-se na caixa*) Contudo, estas palavras que meu pai acaba de pronunciar e são ditadas mais pela paixão do ouro que o subjuga do que pela experiência do mundo, deixaram-me no ânimo desagradável impressão. Se saíssem elas verdadeiras, se nesse amor que foi a minha ventura descobrisse eu cálculo ignóbil e vil, se seus protestos fossem falsidades e mentiras e só nele encontrasse disfarçada ambição... Ah, não, seria infame! Cândido ama-me, devo crer em seu amor, na pureza de suas intenções. (*Cândido, à proporção que Lucinda tem este monólogo, sai meio corpo pelo alçapão da caixa sem ser pressentido, e no dizer Lucinda estas últimas palavras, dá-lhe um abraço pelas costas e exclama*)

CÂNDIDO

E tens muita razão!

LUCINDA

(*levantando-se assustada e dando um grito*) Ah!

CÂNDIDO

Espera, espera, não grites, sou eu, eu, sim! (*vai saindo e pondo-se de pé*)

LUCINDA

Cândido!

CÂNDIDO

Não há nada como achar-se o homem a propósito para justificar-se. Tens toda a razão de acreditares no meu juramento, assim como eu tenho de enganar teu pai na primeira ocasião favorável.

LUCINDA

Que imprudência aqui entrar deste modo! Se meu pai chega...

CÂNDIDO

Pois fujamos antes.

LUCINDA

Impossível!

CLEMENTE

(*da caixa*)

Tem muita razão, agora é impossível.

LUCINDA

(*assustando-se*)

Ah!

CÂNDIDO

Não é nada.

LUCINDA

Meu Deus, o que quer isto dizer?

CÂNDIDO

Isto de explicações agora seria deitar tudo a perder, e em duas palavras: eu estou aqui por ti e ele está aqui por ela.

CLEMENTE

(*da caixa*)

E por eles...

LUCINDA

Mas...

CÂNDIDO

Aí vem teu pai! Nem uma palavra, ou estamos todos perdidos.

CLEMENTE

E eu faço alguma morte.

LUCINDA

Esconda-se, esconda-se!

CÂNDIDO

Já não há tempo de entrar na caixa! Neste quarto...

LUCINDA

Não, não, é o meu!

CÂNDIDO

Não faz mal. (*entra no quarto à esquerda*)

CLEMENTE

(*escondendo a cabeça*)

A coisa esquenta-se!

LUCINDA

(*caindo sentada em uma cadeira*)

O que farei, meu Deus?

Cena VII

Entra DANIEL.

DANIEL

Irra! Todos querem dinheiro, dinheiro, como se fosse a coisa mais fácil no mundo de se encontrar. Miséria! Ricas carruagens, moradas suntuosas, tudo aparências! Aí estão esses grandes fidalgos e fanfarrões a pedirem-me dinheiro constantemente: Ganhem-no, poupem-no como eu. Como os tenho aqui fechados! (*mostrando o punho fechado*) Eh, eh, loucuras! (*para Lucinda*) Ainda está aí? Deixa-me só. (*Lucinda levanta-se e dirige-se para a segunda porta à direita*) Para onde vais?!

LUCINDA

Para dentro.

DANIEL

Nada, nada; para teu quarto. Queres ir para janela?

LUCINDA

Não senhor.

DANIEL

Pois então entra para aqui.

LUCINDA

Mas eu... (*à parte*) E então?

DANIEL

Tenho dito. (*empurra-a para dentro do quarto*)

LUCINDA

Obedeço. (*sai*)

Cena VIII

DANIEL, *e* CLEMENTE *na caixa*

DANIEL

Eh, eh! Queria lograr-me, namoricar da janela, enquanto o tolo do pai cá ficava. Eh, eh, mocidade inexperiente que julga embaçar os velhos!

Cena IX

Entra um caixeiro.

CAIXEIRO

Com licença.

DANIEL

Quem é?

CAIXEIRO

Um senhor e uma senhora estão aí embaixo e lhe desejam falar.

DANIEL

Querem dinheiro, não?

CAIXEIRO

Não sei dizer.

DANIEL

Pois aposto que sim. Só eu conheço a miséria desses miseráveis. Que qualidade de gente é?

CAIXEIRO

Não os conheço. Estão bem vestidos.

DANIEL

Está bem, não posso agora lá ir. Manda-os entrar aqui para sala e esperem enquanto mudo a camisa, que estou alagado em suor. (*sai o caixeiro*) Vamos ao Daniel, ao usurário, ao ladrão do Daniel, que teremos dinheiro. Eh, eh, o usurário, o ladrão os espera! (*sai pela segunda porta à direita*)

Cena X

CLEMENTE

(*espiando da caixa*)

Foi-se... O que farei agora? Vou meter-me no cofre, na cova de Caco. Ai, que vem gente... Cabeça na concha. (*oculta-se na caixa*)

Cena XI

BERNARDO, CLOTILDE *e o caixeiro*

CAIXEIRO

Terão a bondade de esperarem aqui por alguns instantes. (*sai*)

BERNARDO

(*para a filha*)

Aqui estamos, e permita Deus que mais feliz sejamos que das outras vezes.

CLOTILDE

(*à parte, vendo a caixa*)

Ele já cá está! (*para Bernardo*) Peço-lhe, meu pai, que se não esqueça do meu pedido.

BERNARDO

Nao sei se devo. A sua extravagância...

CLEMENTE

(*da caixa*)

É ela!

CLOTILDE

Nada poderei acrescentar ao que já lhe disse: há pessoa que toma a peito os nossos interesses e que somente pede, para o bom êxito do plano que medita em nosso favor, que este maldito usurário suponha ainda por algumas horas que meu tio está morto.

BERNARDO

Sim, sim, porém as conseqüências...

CLOTILDE

Nenhuma podia ser mais desfavorável do que as que temos experimentado. Rogo-lhe que me atenda.

BERNARDO

Por minha culpa ficarás pobre e desgraçada; não quero, pois, desprezar a menor ocasião e circunstância de obter o perdido para que de mim não te queixes tanto.

CLOTILDE

Obrigada. Tenho o pressentimento que seremos bem-sucedidos. Sinto ter um segredo para com meu pai. Breve, porém, revelá-lo-ei.

BERNARDO

Farás o que entenderes, que sempre te conheci com juízo e discrição.

Cena XII

Entra DANIEL.

DANIEL

(*entrando*)

Ordenam alguma coisa?

BERNARDO

Apenas um momento de atenção.

DANIEL

(*à parte*)

Bernardo! Diabo!

Bernardo

Incomodo-o, talvez, mas tenha paciência.

Daniel

(*à parte*)

Se eu soubesse... (*alto*) Tenham a bondade de se assentarem.

Bernardo

Não é necessário.

Daniel

Como quiser. Muito sinto que tivesse motivos de desgostos, que seu irmão, o Sr. Mateus Pereira... (*Clotilde puxa pela casaca de Bernardo, como lhe lembrando a promessa*)

Bernardo

Morreu.

Daniel

Bem o sei; vi-o mesmo morto. E de que morreu?

Bernardo

De uma doença.

Daniel

Assim acontece sempre. E diga-me mais...

Bernardo

Permita-me que o interrompa, não posso perder momentos.

DANIEL

Eh, eh! (*enquanto Bernardo fala com Daniel, Clotilde vai se aproximando da caixa. Clemente deita a cabeça de fora e ambos conversam por sinais*)

BERNARDO

Foragido, perseguido pela Justiça, com dificuldade pude até aqui chegar.

DANIEL

Fez mal, fez mal; com a Justiça não se deve brincar.

BERNARDO

Assim é, e assim o deveríeis sempre pensar.

DANIEL

Eh, eh!

BERNARDO

Acusação infamante pesa sobre mim.

DANIEL

Muito sinto, muito sinto.

BERNARDO

E bem sabeis que sou inocente.

DANIEL

Sempre fiz muito bom conceito de meus semelhantes.

BERNARDO

E deixemo-nos de palavras inúteis.

DANIEL

Tendes razão, de nada servem.

BERNARDO

É esta a quarta vez que venho a vossa casa e pela milésima vez vos pergunto: Quereis ou não entregar-me os brilhantes que deixei como penhor em vossas mãos?

DANIEL

Brilhantes? De que brilhantes falais? Não sei.

BERNARDO

(*à parte*)

Que infame! (*alto*) Senhor, basta de hipocrisia e ladroeira!

DANIEL

Tranqüilizai-vos! E peço-vos que deis mais atenção às vossas palavras.

BERNARDO

Disse ladroeira e repito: ladroeira infame!

CLOTILDE

(*correndo para ele*)

Meu pai!

DANIEL

Eh, eh! Não se assuste a menina. Falai-me com moderação, se quereis que vos ouça.

CLOTILDE

(*para o pai, à parte*)

Prudência!

Bernardo

Pois bem, conter-me-ei. Entregai-me os brilhantes; aqui vos trago o valor do empréstimo que sobre eles fizestes-me.

Daniel

Sempre a mesma história.

Bernardo

Sempre e sempre, porque vai nela a minha honra, a minha vida, e o porvir de minha cara filha. Senhor, bem lembrado deveis estar do tempo em que vos dizíeis meu amigo. Amigo! Como se um homem que só vive para o dinheiro tivesse amigos! Louco que eu era! Mas enfim esse tempo existiu, fiei-me em vossas palavras, entreguei-vos um penhor que não devia sair de minhas mãos. Aqui está o seu valor, restituí-me-lo (sic).

Daniel

Isto por fim torna-se importuno! Já vos disse e agora repito, também pela milésima vez, que não sei que histórias são essas de brilhantes penhorados de que constantemente me falais.

Bernardo

Não sabeis?

Daniel

Como quereis que vos diga que não?

Bernardo

Oh, meu Deus, dai-me força para conter-me!

CLOTILDE

Meu pai!

DANIEL

Empresto, é verdade, empresto dinheiro sobre penhores; mas faço o meu negócio com lisura e boa fé. Entrego uma cautela, um conhecimento para segurança do penhor. Onde está essa cautela que sem dúvida vos passaria? Apresentai-ma.

BERNARDO

Afetais tranqüilidade, dizeis essas palavras, porque não ignorais que perdi essa cautela e que não vo-la posso apresentar.

DANIEL

Perdestes-a (sic)? Mau foi isso, se é que algum dia a possuístes.

BERNARDO

(*concentrado*)

Se podeis ler no meu coração, se pudésseis ver a agitação de minha... o ímpeto que a custo contenho, estaríeis agora longe de mim, bem longe, para evitar talvez um homicídio! (*Daniel recuando*)

CLOTILDE

Meu pai, meu pai!

BERNARDO

Mas terei força, coragem para domar o furor. Deixo a cólera estalar-me o coração e humilho-me quando deveria ameaçar. (*para Clotilde*) Retira-te, deixa-me, não te assustes; tudo tenho sofrido com prudência e ainda sofrerei.

DANIEL

Abreviemos, abreviemos isto, que já me não agrada. (*Bernardo, tomando-o pelo braço e conduzindo para o lado*) [Interrompe-se neste ponto o manuscrito.]

O JOGO DE PRENDAS

Comédia em 1 ato

[1846]

PERSONAGENS

FIDÉLIO
PULQUÉRIA, *sua mulher*
GUILHERMINA, *sua sobrinha*
MÔNICA, *mãe de*
EDUARDO
GERVÁSIO, *inspetor de quarteirão*
CONVIDADOS

ATO ÚNICO

(Sala com portas laterais e no fundo. Mobília decente; mangas de vidro, castiçais, jarras de flores. É noite.)

Cena I

PULQUÉRIA, GUILHERMINA *e uma mucamba parda arranjam a sala e acendem as velas.*

PULQUÉRIA

Anda depressa, Maria, acaba de acender estas velas que as visitas não tardam.

GUILHERMINA

Minha mãe, esta manga está rachada.

PULQUÉRIA

Não faz mal, volta para a parede.

GUILHERMINA

Ajuda-me aqui, Maria.

PULQUÉRIA
(sacudindo a mesa com o lenço)

Como esta mesa está cheia de pó! Estes meus diabos não vêem isto! Forte canalha! *(para Maria)* Anda cá, desazada, apanha este meu lenço. Tu não viste esta mesa coberta de pó? Peste... Vai para dentro aprontar a bandeja do chá; e vê lá se as xícaras e colheres vêm fedendo a barata, que caro te sairá. *(Maria sai)* Não se pode lidar com esta gente, é um inferno! Menina?

GUILHERMINA

Minha mãe?

PULQUÉRIA

Compraram-se os biscoitos e pão-de-ló?

GUILHERMINA

Sim senhora, e o troco botei na gaveta do espelho.

PULQUÉRIA

Muito bem. Ai, estou cansada! *(senta-se)* Por isso não gosto de receber visitas.

GUILHERMINA

Que pessoas espera a mamãe hoje?

PULQUÉRIA

A família do Robério, a comadre Mônica, as filhas do Nicolau e o Senhor Gervásio, inspetor de quarteirão.

GUILHERMINA
(à parte)

Meu Deus!

PULQUÉRIA

Escusado é advertir-te que quero que o trates bem, ao senhor Gervásio; muito me conviria e a ti também que se efetuasse o seu casamento contigo.

GUILHERMINA

(*à parte*)

Alguém me há de disso livrar...

PULQUÉRIA

É boa pessoa, tem fortuna, emprego honroso e de representação.

GUILHERMINA

(*à parte*)

Pois não! Inspetor de quarteirão...

PULQUÉRIA

Ele gosta de ti, e eu e teu tio queremos que te cases com ele. E para se concluir esse negócio não falta a vontade de mais ninguém.

GUILHERMINA

(*à parte*)

Só a minha... Bagatela!

PULQUÉRIA

Trata-o, portanto, muito bem. (*aqui batem palmas*)

GUILHERMINA

Batem palmas.

PULQUÉRIA

Quem é?

MÔNICA
(*dentro*)

Uma criada da casa.

GUILHERMINA

É D. Mônica.

PULQUÉRIA
(*levantando-se*)

Pode entrar, comadre.

Cena II

MÔNICA *e as ditas*

MÔNICA
(*entrando*)

Muito boas-noites.

PULQUÉRIA

Boas-noites, comadre, como vai?

MÔNICA

Remando contra a maré. Adeus, menina.

GUILHERMINA

Passa bem?

MÔNICA

Assim, assim. Estou cansada de subir as escadas.

PULQUÉRIA

Assente-se. Seu sobrinho, o senhor Eduardo, não veio?

MÔNICA

Acompanhou-me até aqui à porta; mandei-o que fosse comprar umas balas do Porto. Ando muito endefluxada... Mas ele não tarda.

GUILHERMINA

(*à parte*)

Já temia que não viesse.

PULQUÉRIA

A propósito, a comadre disse-me outro dia que tinha um segredo que contar-me... a respeito de...

MÔNICA

É verdade, e muito estimo que a comadre isso me lembre... Tenho passado um dia muito triste lembrando-me de minha mocidade, e estou certa que, contando esse segredo à comadre, hei de chorar e ficar mais aliviada...

PULQUÉRIA

Pois tem de chorar?

MÔNICA

Muito... (*limpa os olhos com o lenço*)

GUILHERMINA

(*à parte*)

Já principiam!

MÔNICA

(*para Pulquéria*)

Mande a Guilhermina para dentro.

PULQUÉRIA

Guilhermina, vai lá para ver se estão aprontando o chá. (*Guilhermina sai*)

MÔNICA

Comadre, eu direi para principiar que Eduardo, meu sobrinho, não é meu sobrinho, é meu filho.

PULQUÉRIA

(*levantando-se*)

Seu filho!

MÔNICA

Desgraçadamente... Filho do meu erro... vergonha da minha mocidade... fruto de um amor criminoso. Ai, ai!

PULQUÉRIA

Comadre, nunca esperei isso de sua virtude!

MÔNICA

De onde não se espera, daí é que vem, comadre.

PULQUÉRIA

E quem... sim... quem é seu pai?

MÔNICA

Essa pergunta é que me retalha o coração. O pérfido, depois de zombar de minha credulidade e iludir-me, abandonou-me...

PULQUÉRIA

Oh!

MÔNICA

Há vinte oito anos... e nunca mais soube notícias dele.

PULQUÉRIA

E quando isso aconteceu a comadre ainda estava em Lisboa?

MÔNICA

Ainda. Três anos depois é que vim para o Brasil, por me dizerem que para cá tinha ele vindo. Tenho corrido todas as províncias e nada de encontrá-lo... Agora já estou desenganada. Há vinte oito anos, e o tempo sem dúvida nos tem de tal forma mudado que bem podemos talvez nos encontrar cara a cara sem nos conhecermos.

PULQUÉRIA

Que desgraça!

MÔNICA

Só tenho uma esperança: dei ao pérfido um alfinete de peito.

PULQUÉRIA

Ah, agora sei a razão por que a comadre todas as vezes que encontra-se com algum homem vai logo mirar-lhe o alfinete de peito!

MÔNICA

É verdade, comadre, procuro o pai de meu filho. Ainda antes de ontem demorei na loja de um ourives, porque julguei ver na sua tabuleta o meu alfinete, mas enganei-me.

EDUARDO
(*dentro*)

Dá licença?

MÔNICA

É meu sobrinho, quer dizer, meu filho.

PULQUÉRIA

Pode entrar.

Cena III

EDUARDO *e as mesmas*

EDUARDO
(*entrando*)

Boa-noite, minha senhora. Aqui estão as balas, minha tia.

MÔNICA
(*tomando as balas e oferecendo a Pulquéria*)

Quer algumas? (*Pulquéria toma algumas balas e ambas comem*)

PULQUÉRIA
(*para Eduardo*)

Não se quer sentar?

EDUARDO

Muito agradecido.

MÔNICA

Tenho ainda algumas coisas que dizer-lhe, mas não diante de meu filho... Sempre vexa...

PULQUÉRIA

Senhor Eduardo, terá a bondade de esperar aqui um pouco, que já voltamos. Comadre, venha cá. (*saem*)

Cena IV

EDUARDO, *só*

EDUARDO

É sempre com sobressalto e prazer que entro nesta casa em que respira aquela que adoro. Mas nunca poder falar-lhe, não ter a menor ocasião de dizer-lhe de viva voz que a amo, é um tormento! Só consola-me nesta aflição as cartinhas que nos escrevemos, mas há que tempos não recebo suas adoradas letras! (*aqui aparece à porta do fundo o moleque, e depois de observar a cena com cautela vem se aproximando de Eduardo sem que este o veja*) Muito sofre quem ama! Se em minhas mãos estivesse, se de mim dependesse, estaria sempre a seu lado, mirando-me naqueles olhos que me enleiam e ouvindo aquela voz que me encanta. Ah!

MOLEQUE

(*puxando-lhe pela aba da casaca*)

Seu Eduardo?

EDUARDO

(*voltando-se*)

Quem é? Ah!

MOLEQUE

Está esta carta que Sinhazinha manda.

EDUARDO

Dá cá. (*toma a carta e a abre*)

MOLEQUE

Eu estava lhe esperando na porta, mas Senhora mandou que eu fosse comprar biscoito, por isso não lhe vi quando entrou.

EDUARDO

(*que nesse tempo está lendo a carta*)

Será possível?

MOLEQUE

Me dá um vintém.

EDUARDO

Não me enganam meus olhos? Ah, mas isso não pode ser, tenho o seu amor e juramentos.

MOLEQUE

Me dá um vintém.

EDUARDO

(*desesperado*)

Farei uma loucura... Mas ela deve resistir... e eles não ousarão, e quando não... levarei tudo à última extremidade!

MOLEQUE

(*que o segue sempre*)

Me dá um vintém.

EDUARDO

(*dando-lhe um vintém*)

Toma e deixa-me.

Moleque
(*saindo pelo fundo*)
Vou comprar doce. (*sai*)

Eduardo
Leiamos outra vez. (*lendo*) "Meu bem, nós vamos ser muito desgraçados. Minha tia e meu tio instam comigo para que eu me case com o Gervásio, inspetor deste quarteirão." (*falando*) Um inspetor de quarteirão... (*lendo*) "Mas eu te amo e só a ti quero. Vê pois se podes desviar os males que nos esperam. Nada mais te posso dizer, que esta te escrevo às pressas. Vê se procuras um meio de falar-me boje. Tua para sempre. A mesma." (*falando*) Falar-lhe! E como poderei eu falar-lhe? É impossível! [*Aqui se interrompe o manuscrito.*]

[COMÉDIA SEM TÍTULO]

[em 1 ato]

[1847 – data provável]

PERSONAGENS

CARLOS LIMA, *marido de*
JÚLIA
FRANCISCO PALMEIRA, *meirinho*
LUÍS, *primeiro caixeiro de uma loja de costureiras*
ANTÔNIO MANUEL, *meirinho*
ANA, *costureira*

A cena passa-se no Rio de Janeiro,
em 1847.

ATO ÚNICO

(O teatro representa uma sala ordinária. Porta no fundo, duas portas à direita do espectador; à esquerda uma janela. Cadeiras, mesas, etc.)

Cena I

JÚLIA, *depois* LUÍS

JÚLIA
(*sentada, trabalhando*)

Lá está meu tio no seu fadário! Não sei como ainda se não aborreceu! Apenas chega de fora, despe-se e vai logo para o quintal ver os pombos e as galinhas. Deu agora em pombeiro. E o mais é que negocia muito bem, pois do modo por que tudo está hoje no Rio não há dinheiro que chegue. O pior é ir ele fazer companhia às aves e deixar-me aqui sozinha a aborrecer-me... Vou comprar um papagaio para ver se posso ao menos ter com quem trocar duas palavras.

LUÍS

(*que entrou no fim da frase*)

Suponho que eu o sou...

JÚLIA

(*assustando-se*)

Ah!... Quem é?

LUÍS

Só falta a gaiola.

JÚLIA

Que quereis, senhor? Então assim se entra por uma casa desconhecida? Lembrai-vos que sou casada e que vos não posso ouvir?

LUÍS

Sois casada? (*à parte*) Tanto melhor... (*alto*) Porém se sois casada, como estais sempre só?

JÚLIA

Meu marido acha-se ausente, anda viajando.

LUÍS

Faz muito mal, pois deveria lembrar-se que tem uma mulher muito bonita, que ela tem um coração que deve ser sensível, que há moços que têm olhos e etc., etc. Em uma palavra, se eu fosse vosso marido não viajaria, porém vigiaria.

JÚLIA

(*zangada*)

Que atrevimento! Senhor, não vos posso ouvir, retirai-vos!

Luís

Retirar-me, quando seja talvez esta ocasião a primeira e última em que vos ache só e vos possa declarar o quanto vos amo?

Júlia

Parece-me então que aqui viestes só para me fazer uma declaração de amor?

Luís

E para que mais? Eu bem poderia escrever-vos; porém, receando que não fizésseis caso da carta, vim eu.

Júlia

Enganastes-vos porque meu tio já chegou de fora. Ah, retire-se, que ele lá vem subindo a escada do quintal!

Luís

Não saio daqui sem que me dêem uma resposta qualquer.

Júlia

Retire-se, senhor!

Luís

Pois então deixai que vos beije a linda mão.

Júlia

Nunca, senhor!

Luís

Tende piedade de mim! (*quando se chega para ela, chucha uma bofetada*) Ah, zura!

Júlia

Para vos irdes embora...

Cena II

Júlia *e* Francisco Palmeira

Francisco

(*à parte*)

Pareceu-me ver um homem, e assim como que o estalar de um beijo...

Júlia

(*à parte*)

Felizmente não viu...

Francisco

Júlia?

Júlia

Meu tio?

Francisco

Quem saiu daqui?

Júlia

Não sei.

FRANCISCO

Quem saiu daqui há pouco?

JÚLIA

Por onde?

FRANCISCO

(*indicando a porta*)

Por ali.

JÚLIA

Vosmecê enganou-se.

FRANCISCO

Eu enganar-me? É coisa que me nunca aconteceu.

JÚLIA

Veio cá o caixeiro da loja de defronte, e teve o atrevimento de me beijar a mão.

FRANCISCO

Júlia, até hoje tens sido a pérola das mulheres, a virtude mesmo; aposto que se o que te tem acontecido fosse com outra, já teria tido dez amantes.

JÚLIA

E sois vós que me vindes dizer semelhantes coisas?

FRANCISCO

Eu apenas te estou aperfeiçoando, porque já és mestra.

JÚLIA

Obrigada pelo elogio.

FRANCISCO

Todas as vezes que me lembro de teu marido... Um infame, um beberrão, jogador, devasso... Sempre é homenzinho que no fim de três meses de casada deixou-te.

JÚLIA

Deixou-me não, disse-me que não tínhamos dinheiro e saiu para nunca mais voltar.

FRANCISCO

Então isto não é deixar? Ora, obrigado... Aposto que ainda persuadida estás que ele saiu para fazer fortuna? Mal sabes tu onde ele está agora!

JÚLIA

Pois sabeis onde ele está?

FRANCISCO

Aqui na cidade; talvez bem perto de ti.

JÚLIA

Carlos cá na cidade?

FRANCISCO

Ouve-me o que te vou contar. Há quinze dias ofereceram-me uma dívida para comprar. Recusei; porém depois, sabendo que era do Carlos, comprei-a por uma bagatela. Contaram-me depois que ele anda por bailes mascarados, pagodes, teatros com as tais filhas de Jericó, endividando-se cada vez mais, e agora tenho ordem de prisão contra ele. Nunca a ninguém corrigi, porque não sou mestre de meninos, porém quero fazê-lo a Carlos, pois é pena que ele sendo tão bom moço, e tendo tão bom coração, se perca. São os efeitos das más companhias. Logo que o puder agarrar, dou-lhe uma lição bem boa. O que vale é que ninguém sabe que és mulher daquele bandalhete.

JÚLIA

Talvez sejam mentiras tudo quanto dele dizem.

FRANCISCO

Ainda o defendes, depois do que ele contigo praticou? Bem se vê que és uma boa mulher.

JÚLIA

Meu tio, eu amo muito a Carlos; estou persuadida que ele me ama; e se ainda não voltou para minha companhia, é porque ainda não arranjou fortuna. Portanto eu o defenderei e serei fiel.

FRANCISCO

Que é das provas que tens para dizer isso? Já te escreveu, depois que de ti separou-se?

JÚLIA

Talvez não tenha tido tempo.

FRANCISCO

O que eu sei te dizer é que ele tanto te ama que ainda não pôs os pés em Magé, pensando que lá estás ainda.

JÚLIA

Talvez não tenha podido.

FRANCISCO

O seu amor por ti é tão extraordinário que ainda não sabe que cá estás na companhia de teu tio. O pior foi não poder eu assistir ao teu casamento, porque ficava-o conhecendo, e agora, onde quer que o encontrasse prendia-o com a maior sem-cerimônia possível.

JÚLIA

Pois então, já que estais tão prevenido contra ele, não conteis comigo para tirar indagações.

FRANCISCO

Também não tas peço. O meu amigo e compadre Antônio Manuel mas há de trazer hoje. Já basta de nos ocuparmos com semelhante vadio. Não ias hoje passar o dia em casa de D. Carlota?

JÚLIA

Ia, porém não estou com disposição de ir passar o dia fora.

FRANCISCO

(*à parte*)

Veio-me entornar o caldo no melhor da festa! (*alto*) Tu não podes faltar, as meninas estão à tua espera.

JÚLIA

Pois então irei.

FRANCISCO

Vai vestir-te, minha sobrinhinha.

Cena III

Francisco, Júlia *e* Ana

Ana

(*com um embrulho debaixo do braço*)

Bons-dias, Sr. Francisco; bons-dias, Sra. Júlia.

Júlia

Sois vós, sinhaninha?

Ana

Venho trazer as camisas do Sr. Francisco.

Júlia

E o meu corpinho?

Ana

Está só alinhavado. A senhora há de adesculpar (sic) a demora, tem sido involuntária; temos tido muito que fazer; são encomendas para cima que nos têm abarrotado. Eu mesmo, para poder acabar as camisas do Sr. Francisco, cosia na loja nas horas de descanso.

Júlia

É porque a costura é de meu tio; para ele há sempre tempo.

Ana

A senhora também não me disse que não tinha pressa?

JÚLIA

Disse, é verdade, porém quando se quer fazer as coisas e há vontade se faz. E a roupa de que vos encarregastes de mandar lavar?

FRANCISCO

Já veio. Vai contá-la com a senhora.

JÚLIA

Não posso, porque vou me vestir para sair. Viestes tão tarde!

ANA

Não pude vir mais cedo.

FRANCISCO

Pois então vou eu contar.

JÚLIA

Veio toda a roupa?

ANA

Não senhora; ficaram ainda alguns panos de prato, guardanapos, algumas meias...

JÚLIA

Nunca a roupa vem toda; sempre há de ficar alguma coisa. Já a outra semana foi o mesmo.

ANA

A senhora deve se lembrar que o tempo tem estado chuvoso, e quando há umidade a roupa custa muito a enxugar.

FRANCISCO

É verdade, muito chuvoso.

JÚLIA

Pois então não pago sem vir o resto da roupa.

ANA

Como quiser. (*à parte*) As mulheres todas se parecem, quando governam casa. (*sai com Francisco*)

Cena IV

JÚLIA, *só, depois* CARLOS

JÚLIA

(*só*)

É para mim um sacrifício o ir jantar fora! E hoje então, que estou tão aborrecida, vou lá aborrecer a todos! Porém não há remédio senão cumprir com os nossos deveres e também porque sou muito obrigada a D. Carlota. Pobre Carlos! Se eu o pudesse avisar que existe uma ordem de prisão contra ele! (*fica pensativa. Carlos entra pelo fundo com um pau de jogar bilhar na mão, colete e casaca desabotoada*)

CARLOS

Ah, esta porta! (*entra, fecha a porta e põe-se a escutar*)

JÚLIA

(*assustando-se*)

Quem é?

Carlos

(*abre devagar a porta e espia para dentro*)

Creio que sobem as escadas... Não, perderam-me de vista...

Júlia

Quem sois, senhor? Que quereis aqui?

Carlos

Que vejo! Uma moça... Senhora, em nome do sexo de quem sois o mais bel... (*desceu à cena*) Ah! Júlia!

Júlia

Carlos!

Carlos

Júlia, minha mulher! Minha mulherzinha do coração, deixa que eu te abrace para matar as saudades que tenho de ti!

Júlia

Fala mais baixo, desgraçado! Mal sabes tu onde estás...

Carlos

Junto a ti, meu amor.

Júlia

Sim, é verdade, porém como eu estou em casa de meu tio Francisco Palmeira, também estás.

Carlos

Pois já não está em Jacarepaguá?

JÚLIA

Não, veio para cidade.

CARLOS

E a mulher, a tiazinha?

JÚLIA

Deixou-a.

CARLOS

Dava-lhe agora minha mão para apertar de mui boa vontade.

JÚLIA

Para que ele te agarrasse?

CARLOS

Pois ele pode agarrar-me?

JÚLIA

Pode, porque é meirinho e tem ordem de prisão contra ti.

CARLOS

Fui um rato que escapei dos gatos, porém caí na ratoeira.

JÚLIA

Felizmente ele ainda te não conhece.

CARLOS

Minha mulherzinha, tira-me desta ratoeira, anda!

JÚLIA

Porém como?

CARLOS

Trocando os vestuários; tomar-me-ão por ti.

JÚLIA

Deus me livre! Não mereces que por ti se faça a mínima coisa. Sou bem desgraçada!

CARLOS

Que queres dizer, Júlia?

JÚLIA

Porque não voltastes para Magé, onde me deixastes com minha mãe, sem dar-me notícias tuas?

CARLOS

Pois não recebestes cartas minhas?

JÚLIA

Nem uma só.

CARLOS

Então desencaminharam-se. A culpa não é minha, porque te escrevi muitas. A falta de ordem que vai no correio é que tem culpa de tudo isso.

JÚLIA

A razão por que me não escrevestes era para não ter notícias tuas e poderes cá ficar só, andando sempre em súcias, orgias, jogo, bilhar, amantes... Ah, se eu tivesse uma única prova eu me desquitava!

Carlos

(*com ar trágico*)

Júlia, leva-me ante teu tio, denuncia-me, que me prendam, que me carreguem de ferros e eles me parecerão mais leves que as tuas queixas.

Júlia

O que praticastes comigo é de quem já não me ama mais! (*finge que chora*) Todos os homens são os mesmos, todos enganam, todos mentem.

Carlos

Choras? E eu também. (*limpa os olhos*) Júlia, quem te disse que eu não te amava mais? Quanto sentimento que meu coração esteja encerrado no peito e que não possa arrancá-lo para to mostrar sem me fazer mal; porque eu to abriria e verias que só palpitou, palpita e há de palpitar por ti e sempre por ti.

Júlia

Como mente!

Carlos

Verias tudo escrito em letras de sangue (*à parte*) E muitas coisinhas boas mais...

Júlia

Sai daí para fora; eu te acredito lá?

Carlos

E por quê, meu amor? Pois eu sou capaz de te dizer aquilo que não sinto?

JÚLIA

Decerto, pois todos os homens assim o fazem.

CARLOS

Menos eu.

JÚLIA

Então não me esquecestes?

CARLOS

Nunca. (*à parte*) Que mentira!

JÚLIA
(*rindo-se*)

És um monstro...

CARLOS

Riste? Bom sinal! E é de paz, não é assim, meu amorzinho?

JÚLIA

Ainda não.

CARLOS

Então venha um abraço.

JÚLIA

Também não; logo, mais logo, pode ser.

CARLOS

Pau de cera é uma vela sem pavio. (*abraça-a*) Estão feitas as pazes, não é assim?

JÚLIA

Oh, sim, meu maridinho! Já sabias que para cá tinha vindo?

CARLOS

Não; ignorava completamente a tua vinda. Ando atrás de um emprego que hoje me ocupa todo e só queria vir te buscar quando fosse despachado.

JÚLIA

E já arranjou?

CARLOS

Não, porque tenho só em vista. Enquanto espero intertenho-me (sic) em jogar o bilhar onde o há. Hoje estava em casa onde parece que é proibido fazê-lo em mangas de camisa. Estava muito satisfeito porque ganhava, quando o dono da casa avisou-nos que saíssemos, pois subiam dois meirinhos; enfiei-me no primeiro paletó ou casaca – eu mesmo não sei o que vesti – e saímos pelo outro lado da casa. O pior foi vestir uma coisa que não é minha.

JÚLIA

Isto vejo eu.

CARLOS

Ao voltar o primeiro canto, pareceu-nos que éramos perseguidos; espalhamo-nos; eu entrei no primeiro corredor que encontrei, subi e vim mesmo ficar. (*batem palmas fora*)

JÚLIA

Ah, meu Deus!

CARLOS

Bateram!

FRANCISCO

(*dentro*)

Margarida, vai ver quem bate.

JÚLIA

Que fazer, meu Deus? Não podes sair... Se ao menos pudesse esconder-te... (*batem palmas de novo*)

FRANCISCO

(*entrando*)

Ainda não foram ver quem bateu? (*vendo Carlos, que o saúda*) Foi o senhor quem bateu?

JÚLIA

Não, meu tio.

FRANCISCO

Não foi o senhor?

Cena V

Os mesmos e ANTÔNIO MANUEL

ANTÔNIO

(*dentro*)

Dá licença?

FRANCISCO

Entre quem é.

Júlia

Parece ser o Sr. Antônio.

Antônio

(entrando)

Adivinhou, Sra. Júlia. Adeus, compadre; como vai a categoria?

Francisco

Vamos passando. Que vem você cá fazer a esta hora?

Carlos

(à parte)

Um dos meus perseguidores!

Antônio

Venho partincipar (sic) que recebi informações a respeito do Carlos.

Francisco

De meu sobrinho?

Júlia

(à parte)

Se ele agora o conhecesse!

Antônio

Quase que o pilhei há pouco. Levava calça de casimira cor de flor de alecrim, paletó verde claro com botões de chifre e chapéu de pêlo de lebre.

CARLOS
(*à parte*)

Felizmente estou hoje de calças pretas e a roupa que trago é trocada...

ANTÔNIO

Freqüenta muito o botequim do Largo do Rocio e está quase sempre metido naquele célebre bilhar. Quando lá cheguei os merlos foram avisados a tempo e puderam escapar-se... Aqui, ao chegar à porta, vieram dizer-me que tinham entrado todos no bilhar da Rua do Cano; já mandei a nossa gente e venho buscá-lo.

FRANCISCO

Agora acho que o podemos prender.

ANTÔNIO

Com toda a certeza. Eles pensam que brincam com a polícia! Ela tem um monte de olhos e vê tudo perfeitamente.

CARLOS
(*à parte*)

Que boa polícia!

FRANCISCO

Pois então, compadre, agradeço-lhe o aviso e volte para o seu posto.

ANTÔNIO

Até já, compadre. Sinhá, adeus. (*cumprimentando Carlos*) Meu senhor... (*sai*)

Cena VI

CARLOS, FRANCISCO *e* JÚLIA

FRANCISCO

Enfim, está preso! Esta notícia veio me fazer ficar mais alegre hoje... É verdade, minha sobrinha, que quer o senhor? Dize-me depressa.

JÚLIA

Eu?

FRANCISCO

Sim, tu mesma.

JÚLIA

O que quer o senhor?

FRANCISCO

Pois então? Que dúvida há nisso?

JÚLIA

Não sei.

FRANCISCO

No entanto ele deve de ter explicado...

CARLOS

Até detalhei bem o negócio.

JÚLIA

Não me lembra bem já o que foi. O melhor é ter o senhor o trabalho de repetir tudo a meu tio, porque eu não tenho tempo.

FRANCISCO

Tens razão, é mesmo melhor.

CARLOS

Eu teria preferido que a senhora dissesse...

JÚLIA

Eu não posso. (*sai*)

Cena VII

FRANCISCO *e* CARLOS

FRANCISCO

Estou todo ao seu dispor.

CARLOS

Senhor, eu tinha dito... (*à parte*) Diabos me carreguem, se sei o que hei de dizer!

FRANCISCO

Então, que tinha dito o senhor?

CARLOS

(*à parte*)

Se eu lhe contasse uma história... Mas isso de histórias, só da carochinha.

FRANCISCO

Então, ficais calado? Emudeceríeis, por acaso? Estou esperando que digais alguma coisa. Sou todo atenção, tenho aqui agora empregado todos os cinco sentidos.

Carlos

Agora só são precisos dois: ver e ouvir.

Francisco

(*arregalando os olhos e virando a cara para melhor ouvir*)

Pois então vejamos e ouçamos.

Carlos

Senhor, no século dezenove, ou século das luzes, a indústria vai se aperfeiçoando cada vez mais, é o que há pouco dizia à vossa filha.

Francisco

(*interrompendo*)

Minha sobrinha é só minha sobrinha.

Carlos

Então há pouco dizia à senhora vossa sobrinha, que realmente é encantadora...

Francisco

O melhor é ser franco, o senhor gosta da minha sobrinha?

Carlos

Ah! Arrancastes, como um saca-rolha, uma declaração que muito me havia custar a fazer. Sim, senhor, peço-vos a mão de vossa sobrinha.

Francisco

A mão de minha sobrinha!

CARLOS

Convém-vos a proposta?

FRANCISCO

Muito me honra, senhor, muito me honra, apesar de vos não conhecer, (*à parte*) e parecer um homem muito desprezível. (*alto*) Sinto muito não poder servi-lo; porém minha sobrinha já está casada.

CARLOS

(*fingindo-se admirado*)

Casada?

FRANCISCO

Desgraçadamente.

CARLOS

Para mim.

FRANCISCO

E para ela sobretudo. Queria por força tomar estado para no fim de tudo chamar-se Senhora Lima.

CARLOS

Lima chama-se ele? Não é um alto, magro, que tem bigodes?

FRANCISCO

Pois tem bigodes? Não sabia.

CARLOS

Então não é esse que conheço. Mas donde veio ele? quem é? em que se ocupa?

FRANCISCO

Em jogar o bilhar e súcias.

CARLOS

Então é Carlos Lima!

FRANCISCO

Conheceis?

CARLOS

Por desgraça minha. Teve aquele patife a habilidade de chupar e esbanjar o meu patrimônio, de modo que deixou-me arruinado mesmo até os alicerces.

FRANCISCO

E agora que fazeis?

CARLOS

Nada, porque ele é pobre como Jó.

FRANCISCO

Pois então tenhamos só o prazer de o meter na cadeia; dai-me as informações e eu o agarro. Já por duas vezes tem me escapado.

CARLOS

E há de ainda escapar. Sou capaz de apostar que ele já aqui veio, o que é muito capaz de o fazer.

FRANCISCO

Homem, é verdade. Vinha eu lá de dentro, quando percebi passar daqui para a porta do corredor da rua um sujeito. Acabava de estar com minha sobrinha e pareceu-me até ouvir o estalar de um beijo.

CARLOS
(*à parte*)

Um beijo!

FRANCISCO

Perguntei a minha sobrinha quem era o sujeito e ela desculpou-se dizendo que era um caixeiro atrevido que lhe beijara a mão.

CARLOS
(*à parte*)

Ou, antes, um amante!

FRANCISCO

Quem sabe se o sujeito era ele?

CARLOS

Pode muito bem ser.

FRANCISCO

E como ela negou-me, digo-lhe que era ele. Quereis auxiliar-me?

CARLOS

Com muito gosto.

FRANCISCO

Então conto convosco. Esperai um pouco, enquanto vou lá dentro e volto em dois minutos. (*sai*)

Cena VIII

CARLOS, *e depois* ANA

CARLOS

(*só*)

Ah, Júlia, maldita sejas entre as mulheres! Querer... Nem me quero lembrar disso, que se me arrepiam as carnes, eriçam-se-me os cabelos. Eu também sou culpado, porque separei-me dela no fim de três meses sem razão alguma. Nunca mais lhe escrevi, não dei notícias minhas nem mais nada... Vou já perguntar-lhe quem era o sujeito, porque não posso viver nesta incerteza. (*vai para o quarto da esquerda e pára na porta*) Porém não; tenhamos prudência... Brigam as comadres, descobrem-se as verdades. Pode ela declarar ao tio quem sou e ele agarrar-me.

ANA

(*saindo da esquerda*)

Podia esperá-lo até amanhã... Se pensa que ficarei aqui mais tempo, está muito enganado.

CARLOS

(*voltando-se*)

Que vejo? Uma bela a sós comigo nesta sala! Aproveitemos a ocasião. (*vai por trás e abraça-a*) Como é bem-feita!

ANA

(*voltando-se*)

Ah, deixai-me!

CARLOS

Deixar-vos? Venha outro.

ANA

(*conhecendo-o*)

Sois vós?...

CARLOS

(*contemplando-a*)

Parece-me que já vos vi por aí algures. Foi... (*como lembrando-se*) foi no baile da Joaquina...

ANA

Onde toda a noite dançastes e fizestes a corte à Carolina.

CARLOS

Calai-vos.

ANA

Então temeis que se saiba?

CARLOS

(*sem responder à questão*)

Parece-me que vos posso perguntar por aquele sujeito moreno, baixo...

ANA

Calai-vos; não é preciso que o saibam.

CARLOS

Então, por que receais que se fale nele?

ANA

(*o mesmo*)

Sois amigo ou colega do Sr. Francisco Palmeira?

CARLOS

A senhora acha-me com cara de meirinho? Insulta assim um homem? Vê-me roto e esfrangalhado a modo de cachorro sem dono? Tenho uma porfissão (sic) mais honrosa e mais decente, sou mestre de dança. Vinha agora dar lição à sobrinha do Sr. Francisco, porém como ela vai sair...

ANA

E onde está o tio?

CARLOS

Naturalmente no quintal. Depois que deu em pombeiro, ninguém de lá o tira.

ANA

Queria pedir-vos um obséquio.

CARLOS

Faço-vos dez, vinte, cem até.

ANA

Então dizei ao Sr. Francisco que aceito.

CARLOS

Que é que aceitais?

ANA

Basta só que ele o saiba.

CARLOS

Ah, ladrão, já tudo adivinhei! Que me dareis de comissão?

ANA

Também quereis comissão?

CARLOS

As comissões que quero não vos custam nada a dar.

ANA

Agora não trago aqui dinheiro. Adeus.

CARLOS

Ladrãozinho, onde vais já com tanta pressa? (*procura abraçá-la*)

ANA

Deixai-me, senão grito. (*Carlos corre atrás dela e abraça-a*)

CARLOS

Venha lá este abraço. (*Júlia entra no fim do abraço*)

Cena IX

Os mesmos, JÚLIA

JÚLIA

Bravo, bravo, está muito bonito! Continuem!

CARLOS

(*à parte*)

Minha mulher!

ANA

(*à parte*)

A sobrinha! (*vai para o fundo*) Temo-la travada!

JÚLIA

Senhora, quando quiserdes praticar estes desaforos, faça-os em sua casa. Faça-me o favor de quanto antes pôr os quartos na rua.

ANA

Se não fosse o respeito que tenho ao Sr. Francisco e as obrigações que lhe devo, eu lhe dizia o que eu sinto. (*sai, chega na porta e diz*) Porém tenho prudência; calo-me e vou-me embora. (*sai*)

JÚLIA

Faz-me muito favor. (*para Carlos*) És um infame!

CARLOS

Júlia, não me crimines sem ouvir-me primeiramente.

JÚLIA

Ouvir-te? Para quê?

CARLOS

Então, só por veres dar um abraço acreditastes...

JÚLIA

(*interrompendo-o*)

Que és o homem mais infame e sem-vergonha que conheço. É preciso ânimo para se fazer o que fizestes, sabendo que te posso perder com uma só palavra... Carlos, és tão indigno que mereces o desprezo de todos.

CARLOS

Que me importa a mim com os desprezos de todos!

JÚLIA

É mais uma prova que és sem-vergonha.

CARLOS

Seja. O que agora me dá abalo foi um beijo dado, ali na porta esta manhã... (*aponta para a porta da rua*) Ali.

JÚLIA

Um beijo?

CARLOS

Sim, um beijo que destes esta manhã a não sei quem.

JÚLIA

Se agora é que te chegaram os ciúmes por casa, olha que chegaram a boas horas.

CARLOS

Senhora, quem era aquele homem?

JÚLIA

Foi um homem. Não tenho que lhe dar satisfações.

CARLOS

Estás desrespeitando as barbas honradas?

JÚLIA

Qual barbas honradas! O que elas são sei eu; porém a decência proibe-me que to diga. Faça-me o obséquio de pôr-se no andar da rua quanto antes. Estamos desquitados.

CARLOS

Não quero. (*senta-se*) Estou em minha casa.

JÚLIA

Não quer sair? Então vou tudo dizer a meu tio.

CARLOS

Não és capaz.

JÚLIA

Não sou capaz? (*chega à porta e grita para dentro*) Ah, meu tio, faça-me favor de chegar aqui depressa.

FRANCISCO

(*dentro*)

Lá vou.

CARLOS

(*agarrando-a e tapando-lhe a boca*)

Desgraçada, que fizestes?

JÚLIA

(*desembaraçando-se*)

O meu dever.

CARLOS

Dize antes, a minha desgraça.

Cena X

Os mesmos, FRANCISCO

FRANCISCO

Então, que temos?

JÚLIA

Eu já vos deveria ter avisado há mais tempo, porém felizmente ainda é tempo.

CARLOS

(*na janela*)

Ah, lá está ele! Conheci-o perfeitamente, chegou à janela!

FRANCISCO

(*admirado*)

Quem?

CARLOS

O tal Carlos! Vamos enquanto é tempo... que pode...

JÚLIA

(*agarrando o tio e puxando-o*)

Ele está vos enganando.

CARLOS

(*mesma coisa*)

Se vos demorais mais um momento, não chegamos a tempo.

FRANCISCO

Corramos, meu amigo.

JÚLIA

(*mesmo jogo*)

Porém, meu tio, é ele...

CARLOS

(*o mesmo, interrompendo-a*)

Se vos demorais um minuto mais, pode ele fugir pelo telhado.

FRANCISCO

Tem muita razão. (*quer sair*)

JÚLIA

(*mesmo jogo*)

Porém, meu tio...

FRANCISCO

(*gritando*)

Deixai-me, sanguessuga, que por tua causa já me escapou ele por duas vezes. (*sai puxado por Carlos*)

CARLOS

Corramos. (*saem*)

Cena XI

JÚLIA, *depois* LUÍS

JÚLIA

Ah, os homens, os homens! (*desata a rir*) Como tem ele sido hoje enganado, e por quem? Por Carlos! Estimei bem que assim acontecesse, para me não chamar sanguessuga e para tirar o orgulho de andar dizendo que é o meirinho a quem ninguém é capaz de enganar. Que caçoada não lhe hão de fazer os colegas quando disso souberem! E Carlos, como se desenvolveu! Por isso é que tendo uma ordem de prisão às costas há tanto tempo ainda não foi agarrado. Na verdade tenho sido bem tola! Outra fosse eu, que já teria feito mesmo não sei o quê.

LUÍS

(*no fundo, espiando*)

Dá licença?

JÚLIA

Pode entrar.

LUÍS

Estava unicamente à espera que o tiozinho saísse, para poder cá vir ter o gosto de ver-vos e trazer-vos as amostras mais modernas. Aqui as tem.

JÚLIA

Tanto incômodo, Sr. Luís.

LUÍS

Qual incômodo, senhora; pelo contrário, tenho muito prazer em ser humilde escravo de uma pessoa tão bela.

JÚLIA

Não rasgue a seda, que esfiapa-se. Tendes muita pressa das amostras?

LUÍS

Nenhuma.

JÚLIA

É que estou de muito mau humor. Agora não me é possível escolher nada.

LUÍS

(*à parte*)

Como está mudada! (*alto*) Não pareceis estar como dizeis; pelo contrário, acho-vos agora mais bela e encantadora do que esta manhã.

JÚLIA

Ah, Sr. Luís, se soubésseis o que é o casamento, nunca faríeis semelhante asneira...

LUÍS

Quando as mulheres são culpadas, deve ser péssima coisa.

JÚLIA

As mulheres só? E os homens?

LUÍS

Ainda mais culpados são, deixando-nos porém sempre a consolação de viajarem.

JÚLIA

Mas nem sempre viajam.

LUÍS

Parece-me que o vosso não é desses.

JÚLIA

Se é... Há poucas horas que chegou.

LUÍS

Será possível!

JÚLIA

Até já aqui esteve.

LUÍS

(*à parte*)

Diabo! (*alto*) Naturalmente tira-vos daqui?

JÚLIA

Não senhor, porque nunca estivemos tão separados como agora.

LUÍS

Será possível!

JÚLIA

Há razões para isso.

LUÍS

(*caindo de joelhos*)

Ah, para ser o ente mais ditoso basta uma única palavra vossa!

JÚLIA

Levantai-vos! Estais louco?

LUÍS

Antes estivesse, pois não sofreria o que ora sofro.

JÚLIA

Levantai-vos, senhor, aí vem gente…

Luís

Que me importa? Que venham!

Júlia

Isso não, que se vos vissem a meus pés ficaria desacreditada.

Luís

Matais-me com vossos desprezos! Daqui a pouco tereis notícias minhas. (*falsa saída. Batem na porta*)

Júlia

Escondei-vos, escondei-vos.

Luís

Porém onde?

Júlia

Vinde, vinde comigo. (*leva-o e esconde-o à esquerda*)

Luís

(*no momento de entrar para o quarto, beija-lhe a mão que ela deixa. À parte*)

Enfim! (*entra e fecha a porta*)

Francisco

(*dentro, batendo*)

Não há ninguém em casa?

Júlia

Quem é?

FRANCISCO
(*dentro*)
Sou eu. Abram, com os diabos! Parece que estão aí com entrevistas, tudo fechado! (*ela abre a porta*)

Cena XII

JÚLIA, FRANCISCO PALMEIRA

FRANCISCO
(*parado no fundo e zangado*)
Então, não havia ninguém em casa?

JÚLIA
(*rindo-se*)
Chegou a tempo, meu tio? Agarrou-o?

FRANCISCO
(*sentando-se e jogando o chapéu na mesa, muito zangado*)
Ainda escapou-me desta... Por tua culpa, que aqui me demorastes.

JÚLIA
Por minha culpa?

FRANCISCO
Tudo aquilo foi para dar-lhe tempo a que fugisse. Bem te entendo, avisaste-o.

JÚLIA
Avisar quem?

FRANCISCO

Teu marido. Já tinha escapado pelo telhado da vizinhança, quando lá cheguei com o Sr. Fonseca.

JÚLIA

Que Fonseca?

FRANCISCO

O sujeito que daqui saiu comigo. Disse-me ele que aqui tinha junto algumas patacas, porém que teu marido dera cabo da sua fortuna em dois ou três meses.

JÚLIA

(*rindo-se*)

Ah, ah, ah! Só assim me riria hoje com gosto. Ah, ah, ah!

FRANCISCO

De que te ris?

JÚLIA

E que fim destes ao Sr. Fonseca?

FRANCISCO

Pediu-me emprestado cinco mil com hipoteca deste anel que logo há de vir buscar. (*mostra-o a Júlia*)

JÚLIA

(*à parte*)

Que vejo! O meu anel de casamento! Ah, Carlos, Carlos!

FRANCISCO

É de ouro.

JÚLIA

O que me admira é deixar-se meu tio enganar assim, quando quer passar por homem esperto.

FRANCISCO

Pois enganaram-me?

JÚLIA

Completamente, porque foi procurar Carlos fora de casa, quando o tinha aqui debaixo da mão.

FRANCISCO

Nada, Carlos ainda não esteve aqui. Quem cá esteve foi somente o Sr. Fonseca.

JÚLIA

A pessoa com quem meu tio daqui saiu há pouco era Carlos Lima, meu marido.

FRANCISCO

Pelo que vejo tomas-me por algum pateta, hem?

JÚLIA

Eu não digo isso, porém sim que Carlos esteve aqui. Surpreendi-o até abraçando aqui Aninha, a costureira.

FRANCISCO

Será possível?

JÚLIA

É o que lhe digo.

FRANCISCO

E como me pude iludir, eu, a pérola e o mais finório dos meirinhos do Largo do Rocio? Porém ele há de voltar!

JÚLIA

Pois sim, espere por isso...

Cena XIII

Os mesmos e CARLOS

CARLOS

(*à parte*)

Arrisquemos... (*alto*) Dá licença?

FRANCISCO

Pensei não vê-lo mais, Fonseca. Chegou muito a tempo, que lhe preciso falar.

CARLOS

Pois então aqui me tem.

FRANCISCO

Júlia, vai para dentro.

JÚLIA

Sim, meu tio. (*sai*)

Cena XIV

FRANCISCO, CARLOS, *e* LUÍS, *escondido*

CARLOS

(*à parte*)

Aqui há coisa; estejamos alerta.

FRANCISCO

(*à parte*)

Cuidado, Francisco, que o bicho é vivo. (*alto*) Sr. Fonseca?

LUÍS

(*espiando na porta*)

Se eu pudesse fugir... (*vendo Francisco*) Ah, o tio... (*fecha a porta*)

CARLOS

Vá dizendo.

FRANCISCO

Tenho que lhe dar uma notícia muito agradável: sei onde está meu sobrinho.

CARLOS

Sim?

FRANCISCO

Soube que ele está aqui em casa.

CARLOS

Aqui? (*procurando*) Não o vejo.

FRANCISCO

Ele está aqui; porém agora está no quarto com a mulher.

CARLOS

Com ela? (*esquece-se*)

FRANCISCO

(*pondo-lhe a mão no ombro*)

E como acha-se dentro de casa, está preso.

LUÍS

(*entreabrindo a porta*)

Deus queira que se não demorem muito tempo a conversar, pois quero sair.

FRANCISCO

(*fingindo não ter dado atenção ao movimento de terror de Carlos*)

Sr. Fonseca, tenho tido meus escrúpulos, e agora sobretudo que vou prender o sujeito. Note-se que não lhe tenho ódio, porque é no fim de tudo marido de minha sobrinha e ele é um bom moço. Ora, se ele a mim se dirigisse para me apertar a mão, talvez fizesse a asneira…

CARLOS

(*interrompendo-o*)

De o perdoar?

FRANCISCO

Sim.

LUÍS

Que bela ocasião! Vou aproveitar…

FRANCISCO

Se ele viesse, de boa vontade abrir-lhe-ia os meus braços.

CARLOS

(*à parte, quase a abraçar Francisco*)

Estou quase, não quase...

LUÍS

(*saindo do quarto e atirando-se aos pés de Francisco*)

Meu tio, meu bom tio!

FRANCISCO

(*à parte*)

E eu que pensava que era o outro! É ele, não tem dúvida; o outro é o Fonseca.

LUÍS

O arrependimento aqui me trouxe...

FRANCISCO

(*interrompendo-o*)

Em nome da lei estás preso.

LUÍS

Eu, preso? Enganai-vos, porque não sou vosso sobrinho.

CARLOS

(*à parte*)

Era uma armadilha! Como escapei!

FRANCISCO

Enfim agarrei-te, grandessíssimo patifão! Tens me dado que fazer!

Luís

Já vos disse que vos enganastes; eu não sou seu sobrinho.

Carlos

Que atrevimento! Ousar negar diante de mim que não és Carlos! Diante de mim, que te conheço perfeitamente!

Luís

Vós?

Francisco

Vai já para cadeia. (*agarra-lhe na gola da jaqueta*)

Luís

Já vos disse que vos enganastes redondamente! Deixai-me, infames!

Francisco

Cala-te, miserável!

Luís

Largue-me, não sou vosso sobrinho! Sou caixeiro da loja dali defronte.

Francisco

(*puxando*)

Como não queres ir por bem, levo-te à força. Sr. Fonseca, ajude-me.

Luís

(*gritando*)

Larguem-me, larguem-me, com trezentos milhões de diabos, não me matem!

Cena XV

Os mesmos, Júlia

Júlia

Ah, meu Deus, que gritaria é esta? Estais assassinando alguém?

Francisco

É teu marido que está fazendo despropósitos e que não quer ir preso.

Luís

Ah, senhora, livrai-me das garras destas duas panteras que me querem matar! Dizei-lhes que não sou vosso marido.

Júlia

Nem há de ser.

Francisco

Minha sobrinha, o ardil é engenhoso, porém eu não caio na ratoeira.

Júlia

Meu tio, já vos disse mais de uma vez que meu marido está nesta casa, porém que não é o senhor. (*mostra Luís*)

Francisco

(*mostrando*)

Também este senhor não é. Então tens-no escondido em algum buraco de rato...

Cena XVI

Os mesmos, ANTÔNIO

ANTÔNIO

Alvíssaras, compadre, alvíssaras! Está preso o bicho.

FRANCISCO

Quem?

ANTÔNIO

O vosso sobrinho.

FRANCISCO

Carlos? (*olha para Antônio*) Diga-me uma coisa, compadre, você ainda não fez as onze hoje como de costume? (*faz sinal de quem bebe*)

ANTÔNIO

Não.

FRANCISCO

Pois parece, porque ali está Carlos. (*aponta para os dois*)

ANTÔNIO

(*olhando para eles*)

Não são esses... O meu está de paletó verde e tem bigodes.

FRANCISCO

Tem bigodes?

CARLOS

(à parte)

Coitado do Fonseca! Que lá se avenha.

ANTÔNIO

Aqui estão os papéis achados na algibeira dele; parece-me que não há nada de mais positivo.

FRANCISCO

Vejamos. *(examina-os)* O compadre tem razão... Porém três Carlos...

LUÍS

Eu chamo-me Luís e sou caixeiro.

FRANCISCO

Porém como se achava o senhor aqui em minha casa escondido?

LUÍS

Não posso dizer para o que era.

FRANCISCO

Agora não tenho tempo de examinar isto com vagar; porém quando voltar lá vou ter à sua loja. Sr. Fonseca, até já. Compadre, vamos. *(saem ambos)*

Cena XVII

JÚLIA, CARLOS, LUÍS

CARLOS

Por que razão estava o senhor aqui escondido e deu-se depois por sobrinho do dono da casa?

LUÍS

Porque não é da sua conta... E quem é você para me interrogar?

CARLOS

Você, sô patife? (*arregaça a manga da casaca*)

LUÍS

Patife é ele, não seja tolo. (*investem-se*)

JÚLIA

(*no meio deles*)

Sosseguem, senhores. (*para Luís*) Sr. Luís, por favor, retire-se, eu lhe peço.

CARLOS

Conhecem-se? (*à parte*) É o amante de minha mulher! (*Carlos chega-se para Luís e dá-lhe uma bofetada*)

LUÍS

Cachorro, dar-me uma bofetada! (*investe*)

JÚLIA

Sosseguem, senhores!

LUÍS

Sossegar, quando aquele patife deu-me uma bofetada!

CARLOS

Espera, meu cobarde! (*Júlia o detém*)

LUÍS

O insulto que me fizestes só com o sangue se lava. Escolha os padrinhos e o lugar, que eu vou buscar as armas. (*sai*)

CARLOS

Pois vá, com os diabos!

Cena XVIII

CARLOS *e* JÚLIA

CARLOS

Estais satisfeita, senhora?

JÚLIA

Com as suas loucuras?

CARLOS

Loucura fiz eu em casar-me com a senhora; tenho dado muita cabeçada na minha vida, porém a brecha desta é incurável.

JÚLIA

Queixais-vos? E eu, que devo fazer?

CARLOS

No entanto, já a senhora se tem consolado com outro.

JÚLIA

Estava no meu direito.

CARLOS

Pois então fique-se com ele, case-se; ao menos fico livre de semelhante trambolho.

JÚLIA

Trambolho és tu! O que sinto é estar casada!

CARLOS

(*sem responder-lhe*)

Também eu na idade dele ainda acreditava em mulheres... Mulheres! Porém hoje felizmente já sei o que isto é. Chamam-nas flores e comparam-nas a rosas... Desgraçado do que lhe cai debaixo dos espinhos! Casa-se um homem, e em vez de rosa traz para casa um fardo com que há de carregar quer queira, quer não, até a morte.

JÚLIA

Então comparas-me a um fardo?

CARLOS

Pois então? A única diferença que há é que o fardo vem embrulhado em estopa, e vocês vêm embrulhadas em sedas e cassas.

JÚLIA

És muito malcriado! Arre, que já estou cansada de sofrer tanto desaforo.

CARLOS

O que me vale é ter ao menos a certeza de ficares livre de mim daqui a uma hora, e para sempre.

JÚLIA

Tanto melhor.

CARLOS

(*ameaçando*)

Mulher dos diabos, vai-te e não amargues mais os meus últimos momentos! Valha-me ao menos a morte, que me há de separar de ti para sempre.

JÚLIA

Tomara já chegado este ditoso momento. Olhe, luto não ponho, dou-lhe minha palavra de honra. (*sai à esquerda*)

Cena XIX

CARLOS, *depois* ANA

CARLOS

Ela tem razão, tenho sido um indigno para com ela. E o duelo? Mata-me, sem dúvida, porque nem ao menos atirar ao alvo sei. Tanto melhor. Porém isto de morrer parece-me muito ruim; nada, não brigo. Os duelos aqui são proibidos; além disso, estou em casa de um agente de polícia: grito, faço barulho e fica tudo nulo. Muito tolo seria eu também se fosse arriscar a vida por uma mulher, que é o bicho mais ingrato que conheço...

ANA

(*entrando pelo fundo e à parte*)

Deus queira que já esteja em casa e que não esteja com as pombas e galinhas.

CARLOS

(*à parte*)

A costureira!

ANA

Ainda aqui estás?

CARLOS

Belo amor, cada vez que te vejo parece que o meu coração cada vez mais por ti se inflama. (*quer abraçá-la*)

ANA

Falastes com o Sr. Francisco?

CARLOS

Parece-me que sim.

ANA

Disseste-lhe que aceitava?

CARLOS

Parece-me que não.

ANA

Então ele me não espera?

CARLOS

Sim; mas que quereis com ele? Mau, isso já me vai parecendo entrevista, hem?

ANA

Não, foi só um convite para darmos um passeio e irmos ao depois ao teatro.

CARLOS

Sozinhos?

ANA

Pois então? Sou alguma criança que preciso ainda que me andem vigiando?

CARLOS

Eu não digo isso.

ANA

Convidou-me, então, como já vos disse. A princípio não quis aceitar; porém depois lembrei-me que destas pechinchas nem sempre aparecem, e portanto fui logo agarrando... Ele faz-me muita corte, e como me disse que era solteiro...

CARLOS

(*rindo-se*)

Solteiro? Ah, ah, ah! Que esparrela tão bem armada!

ANA

Então é casado?

CARLOS

Legitimamente, e a mulher é viva.

ANA

Tendes certeza disso?

CARLOS

Essa é boa! Se eu a conheço!

ANA

Ah, patife! Como me enganava! Tinha me prometido casamento.

CARLOS

Isso me não admira, porque hoje todos prometem casamento.

ANA

Porém eu tenho uma carta dele.

CARLOS

Tendes uma carta sua?

ANA

Trago-a aqui comigo. (*mostra*) Vede.

CARLOS

(*tomando-a*)

Aposso-me deste precioso documento.

ANA

E para que serve isso?

CARLOS

Para pô-lo em apuros. (*à parte*) Esta carta veio do céu...

ANA

Eis no entanto a que está exposta uma pobre moça sem defesa!

CARLOS

(*abraçando-a*)

E para que servem as defesas? Os elefantes também as têm e não obstante são agarrados.

Cena XX

Os mesmos e FRANCISCO, *entrando pelo fundo.*

FRANCISCO

Bravíssimo! Continuai... Essa é boa.

ANA

Chegastes muito a tempo, pois preciso muito conversar convosco.

FRANCISCO

Sim? Eu já lhe falo. Sr. Fonseca, peço-vos que vos retireis, pois preciso muito falar aqui com a senhora em particular.

ANA

O senhor pode ficar. Sois o homem mais infame que conheço!

FRANCISCO

Eu?

ANA

Merecia que se vos jogasse com esta cadeira na cara!

FRANCISCO

Estais doida, senhora?

ANA

Doida estava eu, mas foi dando ouvido às tuas palavras mentirosas e aceitando a carta que me escrevestes. Melhor seria que as escrevesses à tua mulher. Velho, coisa ruim!

FRANCISCO

À minha mulher?

CARLOS

Vou já autenticar a vossa carta e pôr-vos um processo às costas, para vos obrigar a adotar uma órfã que procurastes seduzir.

FRANCISCO

Não vos acreditarão. (*à parte*) Que asneira fiz em escrever aquela carta!

CARLOS

Levarei vossos companheiros, que por qualquer cinco mil-réis vão jurar, e eles hão de jurar.

Cena XXI

Os mesmos, LUÍS *e depois* JÚLIA

LUÍS

(*com uma caixa de pistolas*)

Estais pronto, senhor?

FRANCISCO

Que temos?

ANA

O Sr. Luís!

LUÍS

Vós aqui?

FRANCISCO

Conhecem-se?

CARLOS

(*baixo, a Francisco*)

É o vosso rival...

ANA

(*que viu Luís tirar as pistolas da caixa, diz*)

Para que são estas pistolas?

LUÍS

Para matar um homem.

JÚLIA

(*que entra no fim da frase*)

Matar quem?

LUÍS

Hoje nesta casa fui insultado por um homem e venho agora pedir reparação do insulto.

FRANCISCO

Eu prendo-vos por andares com armas de fogo e mando-vos já para a polícia.

Júlia

Fazeis muito bem, meu tio, porque não havendo duelo meu marido não morre.

Carlos

Obrigado, minha mulher.

Francisco, Luís *e* Ana

(*ao mesmo tempo*)

Sua mulher!

Carlos

Sim senhores, minha mulher.

Francisco

Mas o senhor não é o Sr. Fonseca?

Carlos

Não, meu tio, sou Carlos, vosso sobrinho.

Francisco

Mas, se não tendes bigodes!

Carlos

É porque rapei-os. Quem se acha preso é o Fonseca, a quem mandareis soltar, pois não tem culpa de que eu tenha sido extravagante.

Júlia

Meu tio, perdoe a Carlos, porque ele promete emendar-se.

Francisco

Pois bem, Carlos, façamos as pazes. Troquemos mutuamente a carta, a ordem de prisão e um abraço. (*trocam tudo e abraçam-se*)

Júlia

Praticastes uma obra de caridade e fizestes com que um homem extravagante voltasse ao grêmio da sociedade.

Ana

E o meu dote?

Júlia

Peça-o ao Sr. Luís, que muito vos ama e vos deve fazer feliz!

FIM DA COMÉDIA

IMPRESSÃO E ACABAMENTO:
YANGRAF Fone/Fax:
6195.77.22
e-mail:yangraf.comercial@terra.com.br